com ROLAND BARTHES

com ROLAND BARTHES

Leyla Perrone-Moisés

SÃO PAULO 2012

Esta obra foi publicada originalmente em alemão com o título
Copyright © 2012, Editora WMF Martins Fontes Ltda.,
São Paulo, para a presente edição.

1ª. edição 2012

Acompanhamento editorial
Helena Guimarães Bittencourt
Preparação do original
Maria Fernanda Alvares
Revisões gráficas
Maria Luiza Favret
Márcia Leme
Edição de arte
Katia Harumi Terasaka
Produção gráfica
Geraldo Alves
Paginação
Moacir Katsumi Matsusaki

Dados Internacionais de Catalogação na Publicação (CIP)
(Câmara Brasileira do Livro, SP, Brasil)

Perrone-Moisés, Leyla
   Com Roland Barthes / Leyla Perrone-Moisés. – São Paulo : Editora WMF Martins Fontes, 2012.

   ISBN 978-85-7827-620-1

   1. Análise do discurso narrativo 2. Barthes, Roland, 1915-1980 3. Barthes, Roland, 1915--1980 – Correspondência I. Título.

12-10068   CDD-809.6

Índices para catálogo sistemático:
1. Barthes, Roland : Correspondência : Literatura   809.6
2. Cartas : Barthes, Roland : Literatura   809.6

Todos os direitos desta edição reservados à
Editora WMF Martins Fontes Ltda.
Rua Prof. Laerte Ramos de Carvalho, 133 01325-030 São Paulo SP Brasil
Tel. (11) 3293-8150 Fax (11) 3101-1042
e-mail: info@wmfmartinsfontes.com.br http://www.wmfmartinsfontes.com.br

ÍNDICE

Apresentação 9
Siglas utilizadas 14

I
Descoberta e encontro

Uma necessidade livre 17
Roland Barthes, o infiel 23
O voo dos significantes 28
A linguagem de Barthes 34
CARTAS DE ROLAND BARTHES A LEYLA PERRONE-MOISÉS 39

II
Passando o anel

Escrita ou escritura? 69
Deslocamentos da noção de escritura 75
Discurso amoroso e discurso de poder 89
O semiólogo apaixonado 95
A cozinha do sentido 100
CARTAS DE ROLAND BARTHES A LEYLA PERRONE-MOISÉS 109

III
Depois de Barthes

Relembrando Barthes, sem autópsias acadêmicas 123
De volta a Roland Barthes 132
A *Aula*: testamento e profecia 137
Apresentações da "Coleção Roland Barthes" (Inéditos 1, 2, 3, 4) ... 143
O mestre artista 159
A prática da *Aula* nos cursos do Collège de France 164
Barthes e Derrida 173
Declínio da literatura? Sartre, Barthes e Blanchot 181

ALGUMAS ENTREVISTAS 193

à Leyla Perrone-Moisés, en souvenir de beaucoup de travail en commun, avec mon amitié

Roland Barthes

19 fév 1975

Je remercie les amis qui ont bien voulu m'aider dans la préparation de ce livre :
Jean-Louis Bouttes, Roland Havas, François Wahl, pour le texte ;
Jacques Azanza, Youssef Baccouche, Isabelle Bardet, Alain Benchaya, Myriam de Ravignan, Denis Roche, pour les images.

© 1975 Éditions du Seuil. Toute reproduction interdite y compris par microfilm.

Para Leyla Perrone-Moisés,

Em lembrança de muito trabalho em comum,
com minha amizade

Roland Barthes
19 fev. 1975

APRESENTAÇÃO

Este livro reúne a maior parte do que escrevi sobre Roland Barthes, ao longo de mais de quarenta anos[1]. Também contém as numerosas cartas que dele recebi, muitas como resposta a meus artigos a seu respeito e a traduções de sua obra[2]. Generosamente, ele se referiu, em 1975, a nosso "trabalho em comum". Por isso o livro se intitula *Com Roland Barthes*. Meu contato pessoal com o mestre durou de dezembro de 1968 até alguns meses antes de seu falecimento, em março de 1980. Nas cartas, ele agradece frequentemente minha "fidelidade". Meu trabalho com sua obra tem continuado muito além de sua morte, e minha fidelidade a ele permanece intacta.

O primeiro capítulo, "Descoberta e encontro", recobre os anos entre 1968 e 1974. Desde 1961, quando assumi a seção "Letras francesas" do *Suplemento literário* de *O Estado de S. Paulo*, dediquei meus artigos à atualidade editorial francesa, que era então, no âmbito da ficção, o *nouveau roman*, e no da crítica, a *nouvelle critique*. Roland Barthes despertou logo meu interesse, como crítico do primeiro e desencadeador da polêmica que deu nome à segunda.

Em dezembro de 1968, fui a Paris e ali permaneci até março de 1969, fazendo pesquisa sobre Lautréamont para minha tese de doutorado. Uma de minhas prioridades era assistir aos seminários de Barthes na École Pratique des Hautes Études. Por intermédio de Gilles Lapouge, conheci Christiane Reygnault, que era então a secretária de Barthes. Com ela, fui assistir àquela que seria a primeira das numerosas aulas dele às quais eu estaria presente dali por diante. No fim dessa aula, Christiane me apresentou ao mestre, a quem entreguei, timidamente, alguns dos artigos que havia publicado no *Suplemento*.

---

1. Alguns artigos não constam neste volume porque foram incluídos em meu livro *Inútil poesia* (São Paulo: Companhia das Letras, 2000). São eles: "O lugar de Barthes" (publicado em *La Quinzaine Littéraire* e no suplemento *Ideias* do *Jornal do Brasil*, em 1990) e "Barthes e o pós-modernismo" (publicado em *La Quinzaine Littéraire* e no suplemento *Cultura* de *O Estado de S. Paulo*, em 1993).
2. A gentileza de Barthes se revelava também no fato de escrever quase sempre à mão e na escolha de belos selos para o envio de suas cartas. Estas cartas têm uma beleza visual análoga à de seus originais manuscritos e à de suas pinturas, que têm sido mostradas em exposições.

Não chegamos a conversar, mas logo em seguida recebi a primeira carta dele convidando-me para um encontro, que ocorreu em janeiro de 1969. Num artigo que não consta desta coletânea, eu resumia o que estava vendo em Paris:

> O estruturalismo continua dominando os meios intelectuais de Paris. A favor ou contra, todos falam do estruturalismo, e o máximo do esnobismo é considerá-lo como coisa do passado, sem dizer, evidentemente, o que interessa no presente. A verdade é que toda Paris pensante corre às conferências dos "estruturalistas", sejam eles Lévi-Strauss, Lacan, Greimas ou Derrida. No terreno literário, as aulas de Roland Barthes são a atração máxima da École des Hautes Études. Só a custo alguém consegue se inscrever nesse curso, e mesmo assim é preciso chegar uma hora antes para conseguir entrar na sala.
> Barthes representa atualmente o papel que Sartre representava, há alguns anos, em literatura: a palavra de ordem. Nas vizinhanças de Saint-Germain-des-Prés, onde se realizam os seminários de Barthes, não se fala mais em "liberdade" e "consciência", mas em "código", "sequência", "sema", "proairetismo" – palavras aparentemente requintadas mas, na verdade, mais modestas que as primeiras. Os "significantes" mudaram, indicando (e provocando) a mudança dos "significados".[3]

De volta ao Brasil, já com o projeto de traduzir alguns de seus textos, continuamos em contato epistolar ou pessoal, pois assim que começavam aqui nossas férias de verão, eu ia a Paris, com o objetivo de assistir a seus seminários e prosseguir minhas pesquisas pessoais.

Em 1970, eu já tinha suficiente intimidade com ele para lhe pedir ajuda numa questão político-familiar. Meu irmão, Fernando Perrone, deputado estadual cassado pelo AI-5, encontrava-se exilado no Chile, dando aulas de Sociologia da Comunicação na Universidade de Concepción. Não havendo, naquela universidade, programa de pós-graduação em sua disciplina, meu irmão escreveu-me perguntando se eu podia me aconselhar com Barthes sobre sua ida a Paris para preparar um doutorado. A imediata carta-resposta de Barthes dá testemunho de sua generosidade e de sua solidariedade política. Graças a suas recomendações, meu irmão não apenas fez seu doutorado na Universidade de Paris, como teve Barthes em sua banca, na defesa de uma tese sobre a imagem de Salvador Allende na imprensa francesa. E, além do mais, por estar ainda em Paris em 1973, ele escapou dos tristes acontecimentos chilenos daquele ano.

---

3. *Suplemento literário* de *O Estado de S. Paulo*, 25/1/1969.

APRESENTAÇÃO

Enquanto isso, publiquei minha tradução de *Crítica e verdade* e uma seleção dos artigos dos *Ensaios críticos*[4]. Suas cartas desse período tratam dessa publicação e dos primeiros convites que lhe fiz para fazer conferências em São Paulo, projeto que, como se verá, seria muitas vezes renovado e nunca concretizado, pelos sucessivos impedimentos que ele vai relatando.

De janeiro de 1972 a abril de 1975, residi em Paris com uma bolsa da Fapesp para preparar minha tese de livre-docência. Nesse período, intensificaram-se meus contatos com o mestre, nos seminários e fora deles, muitas vezes em companhia de Philippe Sollers e Julia Kristeva, integrantes do grupo Tel Quel, ao qual ele era ligado. O bilhete avulso em que Barthes comenta um trabalho meu de análise estrutural da narrativa sobre *Le rouge et le noir* demonstra a desfaçatez (que hoje me espanta) com que eu lhe mostrava tudo o que escrevia e a gentileza com que ele lia e respondia, mesmo que o texto não lhe concernisse diretamente.

O segundo capítulo, "Passando o anel", resgata textos e cartas datados de 1975 a 1979. Tratava-se, para mim, de "pôr em circulação" o ensinamento de Barthes, "tal como o anel no jogo de passa anel" (*"Au séminaire"*[5]). Várias foram as formas de passar o anel. Em 1977, traduzi *Roland Barthes por Roland Barthes*[6], e, ao longo de 1978, traduzi a aula inaugural do Collège de France[7], seguida de um posfácio intitulado "Lição de casa", comentado e estimulado por Barthes em suas cartas do período.

De 1976 a 1978, ministrei cursos de pós-graduação sobre a Teoria da Escritura, na área de francês da Universidade de São Paulo, e, em forma de minicurso, na Universidade Federal de Pernambuco, além de numerosas conferências sobre o tema em outras universidades brasileiras. Em 1978, publiquei minha tese de livre-docência, *Texto, crítica, escritura*[8], da qual Barthes era, ao mesmo tempo, tema e inspirador teórico. Nesse mesmo ano e no início do seguinte, assisti a seus últimos seminários no Collège de France.

O terceiro capítulo, "Depois de Barthes", inicia-se com o artigo que escrevi por ocasião de sua morte, em março de 1980. Naquele tris-

---

4. Roland Barthes, *Crítica e verdade*. São Paulo: Perspectiva, 1971 (col. Debates, n? 24).
5. In Roland Barthes, *O rumor da língua*. Trad. Mario Laranjeira. São Paulo: Martins Fontes, 2004, p. 418 (1ª ed. Brasiliense, 1988).
6. São Paulo: Cultrix, 1977. Reedição revista por mim em 2003, pela Iluminuras.
7. Roland Barthes, *Aula*. São Paulo: Cultrix, 1980. Tem tido inúmeras reedições.
8. Leyla Perrone-Moisés, *Texto, crítica, escritura*. São Paulo: Ática, 1978 (col. Ensaios, n? 45). Este livro teve uma 3ª edição revista e aumentada, com a arguição de Antonio Candido, pela Martins Fontes, em 2005.

te momento, eu me encontrava na Universidade de Yale, onde tive a honra de ser convidada por Peter Brooks e Paul de Man para fazer a conferência de homenagem ao escritor, que ocorreu em novembro daquele ano com o título de "La leçon de Barthes". De volta ao Brasil, publiquei um pequeno livro sobre o mestre na coleção Encanto Radical, da Brasiliense[9]. Ministrei novos cursos de pós-graduação na USP, e de um deles, em 1983, resultou um trabalho que teve depois grande repercussão: a adaptação, por Teresa de Almeida, da obra *Fragmentos de um discurso amoroso* para o teatro, que foi levada à cena por Antonio Fagundes em 1988. A peça foi exibida em turnê pelo Brasil e teve milhares de espectadores. Nessa década, continuei fazendo numerosas conferências sobre Barthes no Brasil e no exterior, como por exemplo a intitulada "Le maître anarchiste", proferida na Universidade de Lausanne, em 1986, e na Universidade de Montreal, em 1987.

Após um período de relativo esquecimento, e coincidindo com a chegada de outro século, o nome de Barthes reapareceu e cresceu internacionalmente. Seu acervo foi depositado no IMEC (Institut Mémoires de l'Édition Contemporaine)[10] e, em 1995, iniciou-se a publicação de suas obras completas, a cargo de Éric Marty. Em dezembro de 2000, Peter Brooks organizou, na Universidade de Yale, um importante colóquio intitulado "Back to Barthes, Twenty Years After". Foi um dos últimos eventos públicos que teve a presença luminosa de Susan Sontag. Em novembro de 2002, o Centre Pompidou apresentou uma grande exposição, "Roland Barthes", da qual resultou um belíssimo catálogo[11].

Aqui no Brasil, organizei o colóquio internacional "Roland Barthes, o saber com sabor", no Centro Cultural Maria Antonia, da USP, em setembro de 2003, e na Universidade Federal Fluminense, em outubro de 2003. O colóquio contou com a presença de três dos maiores especialistas franceses no assunto: Antoine Compagnon, Philippe Roger e Françoise Gaillard[12]. Desde 2004, tenho dirigido e organizado a Coleção Roland Barthes da Editora Martins Fontes, que revelou inéditos e já publicou, até agora, vinte volumes. Para essa coleção, traduzi *A prepara-*

---

9. Leyla Perrone-Moisés, *Roland Barthes, o saber com sabor*. São Paulo: Brasiliense, 1983; 2ª ed. 1985 (col. Encanto Radical, nº 23).
10. Em 2010, os arquivos de Barthes foram transferidos para a Bibliothèque Nationale de France.
11. Numerosas matérias jornalísticas francesas assinalaram essa "volta de Barthes". Aqui em São Paulo, Robinson Borges registrou "uma nova onda de Roland Barthes no Brasil", no jornal *Valor*, 26/9/2003.
12. O conjunto das comunicações foi publicado em: Leyla Perrone-Moisés e Maria Elizabeth Chaves de Mello (orgs.), *De volta a Roland Barthes*. Niterói: EdUFF, 2005.

ção do romance (2005), *O império dos signos* (2007) e *Diário de luto* (2011). Além disso, em 2006 organizei um dossiê Roland Barthes para a revista *Cult*[13].

Mais do que um tributo de admiração, este longo trabalho com Roland Barthes tenta devolver-lhe aquilo com que ele me presenteou em sua penúltima carta: "minha viva e fiel afeição".

LPM

---

13. "Roland Barthes, subversivo e sedutor", *Cult*, ano 9, edição especial n° 100, São Paulo, mar. 2006.

SIGLAS UTILIZADAS

As traduções foram feitas ou refeitas pela autora a partir das edições francesas das obras de Roland Barthes. As citações serão identificadas pelas seguintes siglas:

DZ	*Le degré zéro de l'écriture*. Paris: Seuil, 1953 (reed. 1972)
MI	*Michelet par lui-même*. Paris: Seuil, 1954
M	*Mythologies*. Paris: Seuil, 1957 (reed. 1970)
SR	*Sur Racine*. Paris: Seuil, 1963 (reed. 1979)
EC	*Essais critiques*. Paris: Seuil, 1964
CV	*Critique et vérité*. Paris: Seuil, 1966
SM	*Système de la mode*. Paris: Seuil, 1967
SZ	*S/Z*. Paris: Seuil, 1970
ES	*L'empire des signes*. Genève: Skira, 1970 (reed. Genève-Paris: Skira-Flammarion)
SFL	*Sade, Fourier, Loyola*. Paris: Seuil, 1971
PT	*Le plaisir du texte*. Paris: Seuil, 1973
RB	*Roland Barthes par Roland Barthes*. Paris: Seuil, 1975
FDA	*Fragments d'un discours amoureux*. Paris: Seuil, 1977
L	*Leçon*. Paris: Seuil, 1978
SE	*Sollers écrivain*. Paris: Seuil, 1979
GV	*Le grain de la voix*. Paris: Seuil, 1981
BL	*Le bruissement de la langue*. Paris: Seuil, 1984
IN	*Incidents*. Paris: Seuil, 1987
VE	*Comment vivre ensemble*. Paris: Seuil/IMEC, 2002
N	*Le neutre*. Paris: Seuil/IMEC, 2002
OC	*Oeuvres complètes* (5 vols.). Paris: Seuil, 2002
PR	*La préparation du roman*. Paris: Seuil/IMEC, 2003

As notas acrescentadas posteriormente à escrita ou à publicação dos textos aparecerão entre colchetes [ ].

I
DESCOBERTA E ENCONTRO

UMA NECESSIDADE LIVRE*

Em 1963, Roland Barthes distinguia, na França, dois tipos de crítica: a crítica universitária ou histórica e a crítica ideológica ou interpretativa (existencialista, marxista, psicanalítica, fenomenológica)[1]. Um aprofundamento do problema levava-o à conclusão de que essa separação era provisória. A verdadeira separação se faria entre a crítica que situa seu objeto para além da obra literária e aquela que o situa na obra literária.

A crítica universitária, enraizada no determinismo do século XIX, seria aquela que situa seu objeto num *além* que determina a obra. Assim sendo, pouco a pouco acabaria admitindo e absorvendo aquelas formas novas de crítica que também situam seu objeto *para além* da obra: a crítica psicanalítica, a marxista e a existencialista. O que a crítica universitária não poderia aceitar tão cedo seria a crítica imanente, que situa seu objeto na obra: crítica temática, fenomenológica e estruturalista.

O segundo critério de separação estabelecido por Barthes mostra-se cada dia mais válido. De fato, os três primeiros tipos de crítica veem a obra como produto de fatores externos. Os adeptos da crítica psicológica (século XIX) ou psicanalítica (século XX) veem a obra como *expressão* de problemas pessoais do autor, ou como estudo de relações psicológicas em determinado grupo. A interpretação desses problemas psicológicos ou psicopatológicos é o objetivo dessa crítica. A obra, portanto, serve como meio para alcançar os referidos problemas e elucidá-los. Os representantes dessa tendência, na França, são Charles Mauron (defensor da "psicocrítica") e Gaston Bachelard, menos fanático do que Mauron e por isso mesmo superior.

A crítica marxista vê a obra como *produto* de determinado contexto socioeconômico. Criticar seria, pois, revelar e interpretar as relações existentes entre a obra e o contexto de que é fruto. O melhor representante dessa tendência é Lucien Goldmann, mestre da Sociologia literária. A crítica existencialista, praticada durante certo tempo por Sartre e seus seguidores, funde-se frequentemente à psicanalítica. Vê a

---

* Artigo publicado no *Suplemento literário* de *O Estado de S. Paulo*, 6/7/1968.
1. Roland Barthes, *Essais critiques*. Paris: Seuil, 1964, p. 246.

obra à luz da existência do autor, das opções e recusas por ele assumidas. O objetivo dessa crítica é, pois, ainda uma vez, alcançar algo para além da obra.

Os três tipos seguintes (temática, fenomenológica e estruturalista) diferem dos precedentes por não serem críticas de interpretação. Na primeira separação, Barthes incluía a crítica fenomenológica entre as críticas de interpretação, o que era inexato e foi corrigido na segunda. Esse tipo de crítica tem como objeto a própria obra, e não algo *para além* dela.

A crítica temática procura estabelecer os *temas* fundamentais de cada escritor e as modulações desses temas no interior da obra. Como os temas podem servir de objeto a interpretações psicológicas ou psicanalíticas (já que procura as "imagens-chave" de cada escritor), esse tipo de crítica se encontra a meio caminho entre a interpretativa e a imanente. Não é, pois, por acaso que os melhores representantes dessa tendência são os de inspiração bachelardiana: Georges Poulet, J. P. Richard e J. P. Weber.

A crítica fenomenológica e a estruturalista, embora separadas por Barthes em 1963, parecem unir-se afinal num único tipo. A crítica fenomenológica, diz ele sem citar exemplos, "explicita a obra ao invés de a explicar". É também isso que pretende a crítica estruturalista: vendo a obra como um sistema de signos, pretende explicitar as estruturas formais desse sistema, e não decifrar sua mensagem. O que não significa que despreze a mensagem, mas que, para ela, segundo a fórmula já famosa, "o meio é a mensagem". Seguindo a trilha de Lévi-Strauss e Jákobson, vários críticos jovens se situam nessa tendência. Roland Barthes e Michel Butor são os grandes representantes desse tipo de crítica.

Vistas *grosso modo*, assim estavam as coisas ao aparecer o livro de Pierre Macherey, *Pour une théorie de la production littéraire* [Para uma teoria da produção literária][2]. Diante da maré crescente do estruturalismo, que se tornou a "coqueluche" ou o "ópio", como se quiser, da nova crítica francesa, Pierre Macherey, jovem crítico marxista, procura encontrar uma posição intermediária. E é justamente esse aspecto intermediário de sua posição que nos comunica certo mal-estar e deixa em nosso espírito muitas interrogações. Senão, vejamos.

Primeiramente, o objetivo de Macherey é modesto. "*Pour une théorie*" supõe um *antes* da teoria, e "*de la production littéraire*" supõe um *antes* da obra. O que preocupa Macherey são as *condições* da produção literária, e seu estudo pretende situar alguns pontos *prévios* para

---

2. Pierre Macherey, *Pour une théorie de la production littéraire*. Paris: François Maspero, 1966.

a abordagem do problema: "a constituição de uma nova questão crítica: quais são as leis da produção literária?"[3] (p. 21).

Macherey começa por fazer a crítica da crítica empírica (ou de gosto), da crítica normativa (ou de juízo) e da crítica interpretativa (ou de sentido). Esses tipos de crítica, segundo ele, veem a obra como um objeto de consumo e dão as regras desse consumo. A seu ver, é preciso encarar a obra como um produto e situar as regras de sua produção. Para Macherey, o escritor não é um criador, mas um operário da produção literária. Não sendo o inventor de suas leis e de sua ordem, o homem não é um criador. Ele não cria, produz em condições determinadas. Falar em "criação" é crer no mistério, é ver a arte como religião (ver "Création et production", pp. 83-5).

Evidentemente, Macherey toma a palavra "criação" no sentido de "tirar do nada". Ora, a palavra "criação" é também sinônimo de "invenção", isto é, criar uma forma nova ou um arranjo novo, e neste sentido nada tem de mítico. A visão do escritor como operário da produção literária dá ao artista uma função puramente mecânica; negar a criatividade do homem é vê-lo como puro joguete das forças produzidas ao acaso.

Começam aí as oposições de Macherey ao estruturalismo. Inicialmente, há uma discordância com relação ao sentido da palavra "estrutura". Para Macherey, a estrutura é uma necessidade, não uma propriedade do objeto, nem uma característica de sua representação. A estrutura depende de razões determinadas, que fazem que a obra seja o que é (ver pp. 52-3).

Ora, os estruturalistas não encaram a estrutura da obra como *independente* do real onde ela nasce, nem como fruto de uma escolha arbitrária do autor; somente não a veem como totalmente determinada pelas condições de sua produção, como parece pensar Macherey. Para os estruturalistas, a estrutura é ao mesmo tempo uma necessidade e uma característica de sua *livre* representação. Não se trata de isolar essas estruturas formais das estruturas do real: "novas formas revelarão, na realidade, novas coisas, novas ligações, isto, naturalmente, quanto mais sua coerência interna for afirmada com relação às outras formas, quanto mais elas forem rigorosas"[4] (Michel Butor[5]).

---

3. No original: "la constitution d'une question critique nouvelle: quelles sont les lois de la production littéraire?"
4. No original: "des formes nouvelles révéleront dans la réalité des choses nouvelles, des liaisons nouvelles et ceci, naturellement, d'autant plus que leur cohérence interne sera plus affirmée par rapport aux autres formes, d'autant plus qu'elles seront rigoureuses".
5. Michel Butor, *Répertoire*. Paris: Éditions de Minuit, 1960, p. 9.

Outra querela de Macherey com os estruturalistas (e no fundo a questão é sempre a mesma) diz respeito à palavra "linguagem". Na p. 56 de seu livro, Macherey insiste em que "não se deve dizer que a literatura é uma nova linguagem"⁶. Insiste ainda em que a literatura não cria uma realidade segunda, independente da primeira. Essa objeção se refere particularmente a Barthes, que considera a literatura "uma linguagem *outra*" (*Essais critiques*, p. 15), uma *metalinguagem*. Mas Barthes jamais afirmou que essa metalinguagem fosse independente; pelo contrário, mostra bem a relação entre essa linguagem segunda e a primeira: "[O escritor destaca] uma segunda fala do ensino das primeiras falas que lhe fornecem o mundo, a história, sua existência, em suma, um inteligível que lhe preexiste, pois ele vem num mundo cheio de linguagem. Não há nenhum real que já não tenha sido classificado pelos homens"⁷ (idem).

Prosseguindo, Macherey recusa a ideia de unidade e de totalidade da obra, porque isso faz supor que ela seja "à parte": "Não se deve considerar a obra literária *à parte*, como se ela constituísse por si só uma realidade completa: ela seria completamente separada, e não se poderia compreender a razão de seu aparecimento"⁸ (p. 67). Ainda e sempre, o crítico atribui aos estruturalistas um formalismo absoluto que não existe. Baseado nesse pressuposto, investe ele contra Mallarmé, Blanchot e Barthes: "A mensagem do escritor é sem objeto: toda realidade está relegada no código particular que lhe fornece os meios de sua formulação e de sua comunicação"⁹ (p. 78).

O que é ver a frase "o meio é a mensagem" com vistas muito curtas. Para os estruturalistas, não se trata de separar a forma da mensagem, para valorizar aquela em detrimento desta, mas de unir as duas de modo indissolúvel, de tal sorte que formas novas criam mensagens novas, e mensagens novas atuem sobre o real que as motivou. Como diz Michel Butor: "Cada vez que há obra original, invenção, por mais gratuita que ela possa nos parecer à primeira vista, sentimos pouco a

---

6. No original: "il ne faut pas dire que la littérature est un nouveau langage".
7. No original: "[L'écrivain détache] une parole seconde de l'enseignement des paroles premières que lui fournit le monde, l'histoire, son existence, bref un intelligible qui lui préexiste, car il vient dans un monde plein de langage. Il n'est aucun réel qui ne soit déjà classé par les hommes."
8. No original: "Il ne faut pas considérer l'oeuvre littéraire à part, comme si elle constituait par elle-même une réalité complète: elle serait absolument séparée, et on ne pourrait pas comprendre la raison de son apparition."
9. No original: "Le message de l'écrivain est sans objet: toute réalité est reléguée dans le code particulier qui lui donne les moyens de sa formulation et de sa communication."

pouco a necessidade de arranjar, a partir dela, o mundo de que fazemos parte. Toda obra é engajada, mesmo a mais rotineira, pois toda atividade do espírito é função numa sociedade; quanto mais ela é inventiva, mais obriga a uma mudança."[10]

Outro ponto controvertido por Macherey é a identificação leitura-escritura. Barthes, em *Critique et vérité*[11], e depois dele outros escritores, como Roudaut, têm explorado a ideia de que a escritura é uma leitura do mundo, e a leitura (do livro) pode transformar-se em escritura (crítica). Macherey nos diz que há um *antagonismo* entre ler e escrever (ver p. 34). Isso talvez porque esteja tomando a palavra "leitura" num sentido passivo, a leitura que *segue* a obra. Barthes, Roudaut e Butor nos falam de uma leitura ativa, criadora. Para eles, a crítica que nasce da leitura não deve ser repetição, "pura leitura" [*pure lecture*] (como diz Macherey na p. 95), mas prolongamento inventivo, como diz Butor: "A atividade crítica consiste em considerar as obras como inacabadas; a atividade poética, a 'inspiração', manifesta a própria realidade como inacabada."[12]

Outra palavra que provoca mal-entendidos é "imanente", aplicada à crítica. Para Barthes, crítica imanente é a que situa seu objeto na própria obra. Macherey chama de crítica imanente a que acredita num sentido único da obra: "Assim estão colocados os princípios de uma crítica imanente: na obra, está retido um sentido que é preciso libertar"[13] (p. 94). Os estruturalistas não veem na obra um sentido único, e também se opõem à crítica interpretativa. A diferença está em que, onde Macherey propõe *explicar*, os estruturalistas propõem *explicitar*; e, afinal, *explicitar* está mais longe de *interpretar* do que *explicar*.

Quanto ao sentido da obra, este nunca é totalmente explícito. A explicitação total da mensagem é própria da linguagem lógica, discursiva, e a linguagem literária (poesia ou prosa) é analógica. A linguagem discursiva visa uma comunicação de conteúdos, a linguagem artística

---

10. No original: "Chaque fois qu'il y a oeuvre originale, invention, si gratuite qu'elle puisse nous paraître au premier abord, il y a peu à peu nécessité pour nous d'aménager à partir d'elle le monde dont nous faisons partie. Toute oeuvre est engagée, même la plus routinière, toute activité de l'esprit étant fonction dans une société; plus elle est profondément inventive et plus elle oblige à un changement" (*Répertoire III*. Paris: Éditions de Minuit, 1968, p. 20).
11. Roland Barthes, *Critique et vérité*. Paris: Seuil, 1966.
12. No original: "L'activité critique consiste à considérer les oeuvres comme inachevées; l'activité poétique, 'l'inspiration', manifeste la réalité même comme inachevée" (Michel Butor, *Répertoire III*, op. cit., p. 20).
13. No original: "Ainsi sont posés les principes d'une critique immanente: en l'oeuvre est retenu un sens qu'il faut libérer."

visa uma comunicação de formas[14]. E essas formas nos vão desvendando determinadas zonas do real.

Na linguagem artística, o sentido não é único e claro. A obra pode ser lida em vários planos, e nenhum é definitivo. O sentido está sempre *suspenso*, como diz Barthes, ou *aberto*, como diz Umberto Eco. Quem compreender isso terá compreendido o *nouveau roman*, o cinema de Godard, a *pop art* e tantas manifestações artísticas do nosso tempo. Essa compreensão escapa aos críticos que se obstinam a procurar na obra um sentido definitivo e único, como se a arte fosse resposta e não procura, dogma e não proposta, conclusão limitadora ao invés de interrogação fecunda.

Esse não é o caso de Macherey, que nesse ponto concorda com os estruturalistas. Afinal, a crítica estruturalista não é nem de gosto, nem de julgamento, nem de interpretação – as três *ilusões* que ele aponta, no início de seu livro. Essa crítica pretende estudar a configuração da obra, seu modo de ser, pois é nos significantes que residem os significados. Mas Macherey não se preocupa nem com significantes, nem com significados; o que o preocupa são as condições da produção literária. Suas divergências são, portanto, mais uma questão de *objetivos* do que de *princípios*.

Suas oposições aos estruturalistas nascem ora de uma interpretação inexata de suas propostas, ora de uma confusão terminológica. Ambos usam os mesmos termos com sentidos levemente diferentes. Assim, para Macherey, a obra procede de uma "necessidade livre"; acho que os estruturalistas endossariam isso. Mas não veriam a palavra "necessidade" com um sentido de determinismo absoluto, como parece ver Macherey. Para eles, a obra é necessária não como o produto de um estado de coisas, mas como uma resposta a certas *faltas*, a certas *falhas* num estado de coisas. É nesse sentido que a obra é criadora.

Procurando uma posição mais avançada dentro da linha marxista, Macherey se equilibra penosamente entre palavras de sentido próximo: a obra é *"fixée"* [fixada], mas não *"figée"* [imobilizada] (p. 52); não é nem *improvisée* [improvisada], nem *prédéterminée* [predeterminada] (p. 52); não é *illusion* [ilusão], mas é *ficction* [ficção] (p. 80)]; não é *inachevée* [inacabada], mas *incomplète* [incompleta] (p. 97); é *bavarde* [tagarela] e *silencieuse* [silenciosa] (p. 120). É difícil fugir ao paradoxo quando se quer conciliar a liberdade da obra de arte com uma ideologia determinista.

---

14. Ver Haroldo de Campos, "Poesia concreta – linguagem – comunicação", e Décio Pignatari, "Construir e expressar", in *Teoria da poesia concreta*. São Paulo: Edições Invenção, 1965.

ROLAND BARTHES, O INFIEL*

"Deve-se queimar Roland Barthes?" Esta pergunta, inscrita numa fita de papel envolvendo os *Essais critiques*, situa Barthes como um objeto de polêmica. E com efeito ele tem sido, desde seu primeiro artigo, em 1947, até sua mais recente publicação, *S/Z* (1970).

A primeira obra de Barthes, *Le degré zéro de l'écriture* (1953), tratava de certa escritura neutra, escritura no grau zero característica de nosso tempo e que constituiria "o último episódio de uma Paixão da escritura, que acompanha o dilaceramento da consciência burguesa". Surgindo como um crítico marxista, mas recusando o determinismo histórico e social direto, Barthes atraiu desde logo as suspeitas da direita e da esquerda.

Em *Michelet par lui-même* (1954), Barthes enveredou por uma crítica de base psicanalítica, também recebida com certas reservas. Mas foi ao analisar Racine de um modo totalmente novo (em *Sur Racine*), segundo vias psicanalíticas um pouco diversas das de seu *Michelet*, que Barthes atraiu a ira da crítica tradicional. O crítico tocara um objeto sagrado, e sua iconoclastia provocou a santa indignação dos defensores do templo.

O livro de Raymond Picard, *Nouvelle critique, nouvelle imposture*, foi o anátema lançado pelos cultores do classicismo intocável. A esse livro Barthes retrucou com *Critique et vérité*, que, pela segurança dos argumentos e por sua requintada ironia, definia e enterrava de uma vez por todas a "velha crítica" (*"puisque nouvelle critique il y a"* [já que existe uma nova crítica]).

Considerado, desde então, o verdadeiro mestre da nova crítica francesa, paradoxalmente e felizmente, Barthes não foi de todo assimilado. Continuou sendo alvo de ataques vindos dos mais variados pontos. Uma das críticas que com mais frequência se fizeram e se fazem, ainda hoje, é a que se refere à sua inconstância.

Mesmo os que aceitam uma crítica de base marxista, psicanalítica, fenomenológica, estilística, estruturalista e semiológica relutam por vezes a aceitar esse crítico que assume todas essas posições, alternada-

* Artigo publicado no *Suplemento literário* de *O Estado de S. Paulo*, 29/8/1970.

mente ou ao mesmo tempo. Em nome de um purismo ideológico irrealizável e indesejável numa verdadeira crítica, acusam Barthes de charlatanismo e de inconstância.

Acusam-no de "seguir a moda", esquecidos de que a moda, considerada em certo nível, é algo muito sério, é o sistema de formas que define uma época. Por outro lado, qualquer pretensão a uma visão intemporal dos fenômenos é ilusória. A abertura de Barthes à contemporaneidade, sua permanente disponibilidade para o novo são as qualidades que seus detratores veem como defeitos.

Quanto à inconstância, só quem conhece superficialmente a obra de Barthes pode atacá-lo por essas "infidelidades". Em primeiro lugar, ele é um escritor vivo; sua obra não se apresenta como algo acabado, fechado, mas caracteriza-se por uma "suspensão de sentido" (usando sua própria expressão) que permite uma constante reformulação. Mais do que um escritor vivo, portanto em mutação, Barthes é um escritor, e "o escritor é um experimentador público: ele varia o que recomeça; obstinado e infiel, só conhece uma arte: a do tema e das variações"[1].

Postas essas ressalvas, podemos dizer, por outro lado, que essa obra aberta e em evolução apresenta algumas linhas de força que permanecem constantes sob a variação. Vejamos alguns dos pontos-chave da obra barthesiana.

Primeiramente, a afirmação da autonomia da linguagem literária. Escrever, para Barthes, sempre foi "um verbo intransitivo"[2]. A obra literária não é mensagem, é fim em si mesma. A linguagem nunca pode dizer o mundo, pois ao dizê-lo está criando outro mundo, um mundo em segundo grau, regido por leis próprias que são as da própria linguagem. O sistema da linguagem não é análogo ao sistema do mundo, mas homólogo. A linguagem literária nunca aponta o mundo, aponta a si mesma: "O escritor concebe a literatura como um fim, o mundo lha devolve como meio; e é nessa *decepção* infinita que o escritor reencontra o mundo, um mundo estranho, aliás, já que a literatura o representa como uma pergunta, nunca, *definitivamente*, como uma resposta."[3]

A literatura, para Barthes, é um "sistema deceptivo", caracterizado pela "suspensão do sentido". Entra aqui a distinção básica da obra barthesiana: a distinção entre *sentido e significação*: "Entendo por *sentido* o conteúdo, o significado de um sistema significante, e por *signifi-*

---
1. Roland Barthes, *Essais critiques*. Paris: Seuil, 1964, p. 10.
2. Idem, p. 149.
3. Idem, ibidem.

cação o processo sistemático que une um sentido a uma forma, um significante a um significado."[4] A literatura nunca é *sentido*, a literatura é processo de produção de sentidos, isto é, *significação*.

A função da crítica não é pois descobrir e explicar o sentido de uma obra literária, mas descrever o funcionamento do sistema produtor de significação. Não o que a obra significa, mas como ela chega a significar. Além disso, a crítica é *metalinguagem*, linguagem sobre a linguagem, e está portanto submetida às mesmas exigências da linguagem literária. Assim como a linguagem literária não pode dizer o mundo, a linguagem crítica não pode dizer a obra. O crítico é aquele que, mais do que a obra de que fala, deseja a própria linguagem. E o sentido desta é tão suspenso quanto o da literatura. O que faz a boa crítica não é sua veracidade, mas sua validade, a força de sua sistemática.

O princípio da linguagem literária é ser uma linguagem de *conotação*, e não de *denotação* (ver "Éléments de sémiologie", *Communications*, n.º 4, 1964). Portanto, o que interessa à literatura não é o referente (aquilo que é denotado), mas o próprio poder conotativo do signo linguístico, sua polissemia. Estudando o signo literário em confronto com os signos dos demais sistemas simbólicos, Barthes tem contribuído enormemente para a semiologia ou semiótica, ciência dos signos literários à qual os estudos literários se integrarão um dia.

Assim anunciou Saussure a semiologia, como a grande ciência que englobaria todos os estudos de sistemas simbólicos. Esta não é, entretanto, a posição de Roland Barthes; considerando que "*tout système sémiologique se mêle de langage*" [todo sistema semiológico implica linguagem][5], afirma ele que a semiologia será uma parte da linguística, aquela que se encarregará das grandes unidades significantes do discurso.

Partindo do princípio de que tudo é linguagem, Barthes se alia naturalmente àqueles que veem a linguística como o modelo das ciências humanas. Dessa forma, tem participado ativamente dos estudos conjuntos para a elaboração de uma ciência da literatura, através de um tipo de análise que toma o estruturalismo linguístico por guia.

A diferença entre a análise semiológica realizada por Barthes e a análise estilística é que, enquanto esta se preocupa com as pequenas unidades linguísticas, aquela procura integrar as unidades significantes em estruturas mais vastas, ligadas a outras séries significantes e definidoras do campo de significação da obra.

---
4. Idem, p. 167.
5. "Éléments de sémiologie", in *Le degré zéro de l'écriture*. Paris: Gonthier, 1965, p. 80.

O estruturalismo literário de Barthes não é ortodoxo, como não o foram suas utilizações do marxismo e da psicanálise. Como ele próprio diz em "Qu'est-ce que la critique?" [O que é a crítica?] (in *Essais critiques*, pp. 252-7), é nos arredores dessas "ideologias" que surge a crítica mais criativa. Acima de sua vocação de pesquisador e de professor, está sua vocação de escritor, e esta exige dele uma liberdade, uma disponibilidade, que tem sido por vezes confundida com infidelidade. Entre a poética e a crítica, Barthes escolhe a segunda, pois é, antes de mais nada, um enamorado de sua própria linguagem.

Eis por que a linguagem barthesiana não é uma linguagem transparente, uma linguagem-meio, mas uma linguagem opaca de escritor. Seu estilo é metafórico, e exerce uma particular ironia com relação ao referente e com relação a ele próprio. Envolve o objeto pouco a pouco, assim como envolve o leitor. Seu modo de abordagem é fenomenológico: a descrição vai descrevendo círculos, numa espiral que acaba por agarrar o objeto numa definição inesperada e feliz. Frequentemente, Barthes apresenta o objeto de sua crítica segundo uma ótica de estranhamento, de modo que, quando ele o nomeia finalmente, temos a surpresa de o reconhecer e de o receber enriquecido por essa nova abordagem. É por esse poder de envolvimento, de sedução, que Michel Butor qualificou certa vez sua escritura como "*fascinatrice*".

Tendo falado de sua "infidelidade", falemos agora de sua "falta de originalidade". Está claro que nem tudo é novo no sistema crítico de Barthes. Primeiramente porque, para ser captada, nenhuma informação pode ser totalmente nova: a recorrência e o reconhecimento impõem-se para a transmissão de qualquer mensagem. Em segundo lugar, porque são cada vez mais frequentes as coincidências no ideário crítico contemporâneo, a ponto de se tornar difícil (e pouco proveitoso) buscar as fontes primeiras. Mesmo porque, geralmente, remontaríamos a Aristóteles.

Uma obra original como a *Anatomy of Criticism* [Anatomia da crítica], de Northrop Frye, por exemplo, deve muito a autores citados e não citados, assim como apresenta muitas coincidências que não passam de tal. Como diz René Wellek em "Trends of Twentieth-Century Criticism" [Caminhos da crítica do século XX], "one is struck by the fact that from a very wide perspective a large part of twentieth-century criticism shows a remarquable resemblance of aim and method, evenwhere there are no direct historical relationships" [é espantoso o fato de que, vista numa perspectiva ampla, grande parte da crítica do século XX revela uma notável semelhança de objetivo e de método, mesmo quando não há relações históricas diretas][6].

---

6. René Wellek, *Concepts of Criticicsm*. New Haven: Yale University Press, 1963, p. 345.

Assim, na obra de Barthes encontramos os mais variados ecos e coincidências; no campo específico da literatura, algumas de suas colocações coincidem com o *new-criticism*, outras aproveitam formulações do formalismo russo etc. Do arranjo novo que Barthes dá a essas ideias surge, como que por atrito, a novidade de sua obra. E é justamente naquilo que tem de contundente que essa obra, como a de Umberto Eco, desperta por vezes desconfiança. O importante é que desperte[7].

---

7. Este artigo reproduz, em linhas gerais, a Introdução à edição brasileira de *Essais critiques* e *Critique et vérité* (Roland Barthes, *Crítica e verdade*. São Paulo: Perspectiva, 1970. Col. Debates).

O VOO DOS SIGNIFICANTES*

"Roland Barthes é desconhecido. É um jovem. Nunca publicou nada, nem mesmo um artigo. Algumas conversas com ele me persuadiram de que esse *enragé* da linguagem (há dois anos ele só se interessa por essa questão) tinha algo a dizer. Ele nos entregou o artigo abaixo, que não é nem de longe um artigo de jornal, de tal modo o pensamento é denso e sem pitoresco exterior. Achamos que os leitores de *Combat* não ficarão aborrecidos conosco por o termos, ainda assim, publicado" (Maurice Nadeau, *Combat*, 1º/8/1947).

Com essa apresentação apareceu o primeiro artigo de Barthes, que se chamava, como o livro futuro, "Le degré zéro de l'écriture", e já trazia as marcas do grande crítico de hoje: a maior parte dos problemas que o interessariam doravante aí está fixada, como os pontos iniciais de várias linhas de força. Ainda hoje, seu pensamento continua "denso". Quanto ao "pitoresco exterior", o que existia na escritura de Barthes não é, felizmente, aquela qualidade jornalística a que se refere o redator de *Combat*. Mas, se considerarmos esse "pitoresco exterior" num nível mais elevado, poderemos afirmar que ele existe na escritura altamente metafórica de Barthes. Também segundo esse critério mais elevado, poderíamos falar de um "pitoresco interior", constituído pelo humor, pela ironia, pela malícia extremamente sutis que contraponteiam a exposição de suas ideias.

O que nos parece muito sintomático é que a publicação do primeiro artigo de Barthes tenha sido acompanhada desse pedido de desculpas aos leitores. O novo é sempre chocante, escandaloso. Mas aqui o escândalo não era simplesmente o novo, pois este pode ser apenas "pitoresco", mas, como mais tarde fez notar o próprio Barthes, a metalinguagem. Escrever sobre a linguagem foi visto, desde o início, como extravagante, e o pedido de desculpas já anunciava a polêmica futura que se travaria em torno da *nouvelle critique*. O redator de *Combat* foi suficientemente avisado na previsão da reação de certos leitores, mas felizmente também o foi ao reconhecer que aquele jovem tinha algo de novo a dizer.

---

* Artigo publicado no *Suplemento literário* de *O Estado de S. Paulo*, 4/4/1970.

A partir da defesa da *nouvelle critique* em *Critique et vérité*, Barthes ocupa um lugar cada vez mais importante no panorama literário francês, embora não seja menos contestado hoje do que no início, o que é sempre bom sinal. Suas críticas colocam o problema literário no contexto de uma ciência mais vasta e em crescimento, a semiologia ou ciência geral dos signos[1]. Desde que as ideias estruturalistas extrapolaram da linguística para as outras ciências humanas, Barthes assumiu o papel central no estruturalismo literário francês. O livro que acaba de publicar, *S/Z*[2], o põe agora em choque não só com a "velha crítica" mas com certas posições de um estruturalismo ortodoxo.

O autor assim o apresenta: "Este livro é o rastro de um trabalho que se fez durante um seminário de dois anos (1968 e 1969) na École Pratique des Hautes Études. Peço aos estudantes, aos ouvintes, aos amigos que participaram desse seminário que aceitem a dedicatória deste texto que se escreveu segundo sua escuta."

O seminário se desenvolveu em torno de uma única novela de Balzac – *Sarrasine* –, novela pouco conhecida das *Scènes de la vie parisienne*, e à qual Barthes foi levado por uma referência de Georges Bataille em *Le bleu du ciel*. *S/Z* nos mostra, de modo brilhante, como uma escritura se torna leitura e uma leitura se torna escritura. Por outras palavras, como um grande texto pode dar nascimento a outro grande texto, através de uma leitura criativa.

Texto de crítica, *S/Z* é um texto *tout court*, e da mais alta qualidade. Lendo Barthes, vemos confirmada a impressão de que atualmente, na França, a grande escritura se faz na metalinguagem, ou, por outras palavras, que a fronteira entre a escritura arte e a escritura crítica desapareceu definitivamente. Barthes nunca escreveu um livro de ficção ou de versos. Mas como defini-lo sem injustiça senão como um grande escritor?

A leitura de *Sarrasine* por Barthes começa por afirmar-se como uma leitura possível entre outras. A ideia central expressa em *S/Z* é a da pluralidade do texto. O texto (falamos, evidentemente, do grande texto) é plural. Admite *n* leituras porque "sua medida é o infinito da linguagem". O que se deve buscar num texto não é a estrutura única e imutável – segundo Barthes, essa não existe –, mas um caminho para a *estruturação* crítica. O texto tem uma estrutura plural e a leitura é a

---

1. Se bem que, em *Le degré zéro de l'écriture*, considerando que "tout système sémiologique se mêle de langage", Barthes afirma, contestando Saussure, que a "semiologia é uma parte da linguística".
2. Roland Barthes, *S/Z*. Paris: Seuil, 1970 (col. Tel Quel).

busca de um caminho através do mapa intrincado dos significantes. Achado esse caminho, ele não nega os outros, apenas se afirma como um itinerário possível.

Assim como o texto é múltiplo, não há uma entrada para ele, mas inúmeras. É o que Barthes afirma num artigo recentemente publicado: "Par où commencer?"[3] Não há receita de leitura, pois a verdadeira leitura é criação, e esta não se ensina.

A negação da estrutura subjacente coloca Barthes em choque com o conceito de modelo, ou melhor, com determinado conceito de modelo: "Nunca há um *todo* do texto (que seria, por reversão, origem de uma ordem interna, reconciliação de partes complementares, sob o olho paternal do modelo representativo): é preciso, ao mesmo tempo, destacar o texto de seu exterior e de sua totalidade. Tudo isso quer dizer que para o texto plural não pode haver estrutura narrativa, gramática ou lógica narrativa" (*S/Z*, p. 12). A busca do modelo (ciência) conduz à indiferenciação do texto, enquanto o princípio da pluralidade do texto leva à busca da diferença.

Na verdade, ao afirmar isso, Barthes não se opõe verdadeiramente aos que buscam uma ciência da literatura. Apenas opta por um dos dois caminhos inconciliáveis mas igualmente importantes para o estudo literário. Entre a poética e a crítica, escolhe a crítica. O impasse da poética diante da diferença, da originalidade do texto, já é fato aceito e comprovado. Todo grande texto participa do geral e do particular: o geral, ou *literalidade*, é buscado pela poética; o particular, ou *originalidade*, é objeto da crítica. Semanticamente, o texto é plural, por isso não se acondiciona a modelos, a não ser aos que ele próprio vai criando ao se escrever. Sintaticamente, ele pertence a um gênero, e se submete, pelo menos em parte, a um modelo. E a busca das semelhanças pode ajudar, por tabela, o encontro das diferenças. De qualquer forma, Barthes opta pela crítica, que no conceito atual perde sua conotação de censura ou julgamento, para ser uma atividade lúdica e criativa.

A pluralidade estrutural está ligada à pluralidade do sentido. É extrema e constante a preocupação de Barthes em evitar a afirmação paralisante de um sentido que seria o bom, o correto. O texto não é uma estrutura de sentido único, mas uma galáxia de sentidos. E o crítico deve buscar não os temas da obra – múltiplos, embora não "quaisquer" –, mas a tematização, ou a estruturação de uma temática. O que interessa numa leitura não é saber se ela é verdadeira ou falsa – concei-

---

3. Em *Poétique (revue de théorie et d'analyse littéraires)*, n.º 1. Paris: Seuil, pp. 3-9.

tos excluídos do campo artístico –, mas seu funcionamento, "a qualidade e a resistência de sua sistemática" (p. 17).

A interpretação é, portanto, um jogo com os sentidos, uma estruturação das conotações do texto. Afirmar um sentido como verdadeiro e único é acreditar na denotação, cujo núcleo seria uma espécie de "centro, guarda, refúgio, luz da verdade" (p. 14). A linguagem artística se baseia essencialmente nas conotações, e no jogo entre estas e as denotações, portanto não pode ser considerada uma comunicação. Não há uma mensagem precisa e econômica, transmitida do emissor ao receptor, idilicamente: "Funcionalmente a conotação, gerando por princípio o duplo sentido, altera a pureza da comunicação; é um 'ruído' voluntário, cuidadosamente elaborado, introduzido no diálogo fictício do autor com o leitor, em suma, uma contracomunicação (a literatura é uma cacografia intencional)" (p. 15).

Merecem particular atenção os trechos em que Barthes mostra como as denotações têm, muitas vezes, a função de fazer passar as conotações, "naturalizando" a narrativa (p. 30). O realismo literário (e *Sarrasine* é uma novela realista) não é mais do que uma naturalidade discursiva, para a qual colaboram as estruturas da linguagem (p. 113), a lógica interna das personagens e das ações. Na verdade, o realismo está muito longe do real. Na maioria dos casos, é uma "mimese segunda", uma cópia do copiado (quadros, esculturas, outras narrativas) (p. 61). Finalmente, o realismo romanesco não é operável: convence no mundo de papel, que é a narrativa, graças à cumplicidade dos aspectos do discurso, mas não pode ser transposto para o mundo real (p. 87).

A leitura crítica é aquela suficientemente atenta para colher as conotações, e suficientemente inventiva para as sistematizar numa forma que não está declarada no texto, mas que é uma das que ele convida a criar. Enquanto a primeira leitura de uma obra é uma leitura de consumo, a releitura ou leitura crítica é um jogo com os significantes. O objetivo da crítica não é científico, mas lúdico: "Seria pois falso dizer que se aceitamos reler o texto é por um proveito intelectual (melhor compreender, analisar com conhecimento de causa); é, de fato e sempre, por um proveito lúdico: é para multiplicar os significantes, não para atingir algum significado último" (p. 171).

Em *S/Z*, ao mesmo tempo que expõe as bases de sua leitura crítica, Barthes demonstra o seu método particular, aquele que escolheu para ler *Sarrasine*. A leitura de *Sarrasine* é uma marcha através do texto, de *lexia* a *lexia* (*lexia* = unidade de leitura), acompanhando seu desenrolar original. A divisão do texto em *lexias* (aqui numeradas de 1 a 561, estudadas na ordem em que aparecem) é em grande parte arbitrária, como o próprio Barthes reconhece (p. 20). Mas trata-se de uma "questão de comodidade: basta que ela seja o melhor espaço possível onde se possam observar os sentidos [...]. O texto, em sua massa, é comparável a um céu plano e profundo ao mesmo tempo, sem bordas ou balizas. Como o áugure nele recortando com a ponta de seu bastão um retângulo fictício, para aí interrogar, segundo certos princípios, o voo dos pássaros, o comentador traça, ao longo do texto, zonas de leitura, a fim de observar a migração dos sentidos, o aflorar dos códigos, a passagem das citações" (pp. 20-1).

Do ponto de vista prático, esse andamento passo a passo oferece certas desvantagens: repetições, comentários por vezes pobres, por serem a síntese do significado de uma *lexia*. Mas se Barthes insiste nesse método, é como um exercício de libertação da explicação de texto tradicional: esta estruturava o texto em grandes blocos, cuja hierarquia pressupunha o conhecimento do sentido verdadeiro e último. Barthes pretende apresentar o texto como uma "rede de mil entradas", um espaço aberto onde os sentidos e os temas migram em liberdade. O método progressivo permite ainda o acesso a um modelo não representativo do texto, mas produtivo. O texto crítico procura assim acompanhar passo a passo a produção do texto de ficção.

O voo dos significantes e dos significados pode ser observado, entretanto, segundo certas constantes que são os códigos. Os códigos não constituem estruturas rígidas e finitas, mas "uma perspectiva de citações, uma miragem de estruturas" (p. 27). Na leitura de *Sarrasine*, Barthes distingue cinco códigos fundamentais: o código hermenêutico (conjunto de unidades que têm por função formular um enigma e trazer seu deciframento); o código dos *semas* (ou unidades de sentido); o código simbólico (ou dos temas); o código proairético (ou dos comportamentos); o código gnômico ou cultural (constituído pelos diversos saberes que o autor toma como referência).

A preocupação maior de Barthes é no sentido de não hierarquizar os códigos: "os brancos e os *flous* da análise serão como as pegadas que assinalam a fuga do texto; pois, se o texto é submetido a uma forma, esta forma não é unitária, arquiteturada, finita; é a franja, a sobra, a rede recortada ou apagada, são todos os movimentos, todas as inflexões de um *fading* imenso, que garante ao mesmo tempo o cavalgamento e a perda das mensagens" (p. 27).

Fiel à sua intenção, *S/Z* revela em *Sarrasine* a infinita riqueza da invenção balzaquiana e as numerosas possibilidades de sua leitura. *Sarrasine* é a história de um escultor (Sarrasine) apaixonado por uma cantora italiana (Zambinella), que na verdade não é uma mulher mas um castrado. Essa história se insere em outra, e é o objeto de um contrato entre o narrador e sua ouvinte: uma narrativa por uma noite de amor. Mas assim como a castração de Zambinella, logo que descoberta por Sarrasine, a este se comunica (ou melhor, nele se revela), a narrativa da castração contamina a ouvinte, que desfaz o contrato.

Barthes propõe três entradas (sem preferência de valor ou ordem) para o texto. A primeira seria a entrada retórica: a antítese como transgressão. O castrado é o intermediário, o neutro, e como tal o nada. Todo o texto se apoia em antíteses: a festa e o jardim, o quente e o frio, a juventude e a velhice, a vida e a morte, a masculinidade e a feminilidade. Outra entrada seria a poética ou simbólica: a castração sexual, o tema do neutro, do mecânico, do não lubrificado, do descontínuo. A terceira é econômica: a narrativa como contrato, o ouro vergonhoso do castrado.

Dir-se-ia que nada escapa à atenção de Barthes, não fosse essa afirmação contraditória com seus princípios. O nome do livro vem da observação da ocorrência das letras S e Z nos nomes próprios das personagens. Sarrasine normalmente se escreveria com Z; Zambinella começa por Z. Assim como o Z é a inversão especular do S, Sarrasine contempla em Zambinella sua própria castração. Assim, "a barra (/) que opõe o S de Sarrasine ao Z de Zambinella tem uma função pânica: é a barra da censura, a superfície especular, o muro da alucinação, o cortante da antítese, a abstração do limite, a obliteração do significante, o *index* do paradigma, portanto do sentido" (p. 113).

Barthes se encontra atualmente no Marrocos, ensinando na Universidade de Rabat. *S/Z* o faz, entretanto, intensamente presente em Paris. Com essa obra, Barthes continuará tendo a oposição cada vez mais inexpressiva da "velha crítica", e ganhará a suspeita de alguns estruturalistas mais ortodoxos. Quaisquer que sejam as oposições, *S/Z* confirma a vitalidade da invenção barthesiana e pode ser tomado como o modelo (produtivo) de uma crítica aberta e libertadora.

A LINGUAGEM DE BARTHES*

"Nada mais deprimente do que imaginar o texto como um objeto intelectual (de reflexão, de análise, de comparação, de reflexo etc.). O texto é um objeto de prazer" (*Sade, Fourier, Loyola*, p. 12). Nada mais deprimente do que ver os textos de Barthes encarados como objetos intelectuais, encontrá-los resumidos, analisados, discutidos do ponto de vista de sua cientificidade, seu valor heurístico, sua contribuição metodológica, seu engajamento político. Ver essa *pensividade* interrogada como um *pensamento*, essa *voz* interpelada como a de um *sujeito*, esse *regente* visto como um *professor*, esse *escritor* lido como um *escrevente*.

Era, entretanto, um risco assumido. Como impedir que essa "linguagem panorâmica" fosse "capturada pela palavra de um outro", e que essa palavra desse a seu itinerário "o aspecto de um destino inteligível"? (*Essais critiques*, p. 9).

Cada vez mais, a linguagem de Barthes é capturada por outros, e acontece que seja engolida por uma fala consequente (que a transforma em passado), e não como ele convida a vê-la: "disseminada, dispersa no campo da diferença infinita" (*S/Z*).

Se o texto de Barthes não autoriza esse engano, em compensação, presta-se em particular a ele. Escrevendo a partir de pretextos científicos ou metodológicos, assumindo alternadamente a *estase* que cada livro representa, mantendo-se sempre no que é visto (do ângulo dos gêneros tradicionais) na fronteira instável entre o ensaio e o romanesco, Barthes corre o risco de ser tomado por um único lado, evidentemente o lado mais confortável, o de um pensamento endoxal.

A visada endoxal tenta distinguir, no texto de Barthes, uma linha consequente, e ao fazê-lo encontra grandes obstáculos: falta de sequência, contradições, deriva, perda. Quando se pensa ter percebido uma linha, esta se rompe; quando se pensa ter aprisionado conceitos e métodos, restam apenas belos objetos inúteis, sem função quando retirados de seu próprio sistema.

---

* "Le langage de Barthes", *La Quinzaine Littéraire*, 16 a 31/7/1974, pp. 23-4.

Louis-Jean Calvet[1] vê uma constante barthesiana na desmistificação da ideologia: "É pois essa caça às falsas evidências que constitui, para nós, a continuidade, essa vontade de desvendar, aqui e ali, o engajamento histórico (isto é, político) de todo discurso, quer a linguagem apareça como seu material evidente (a literatura), quer ela se encontre apenas por baixo (a vestimenta, o cartaz etc.)" (p. 14). Ele chega a ver nisso "o projeto de Barthes" (p. 22), no sentido de um trajeto em direção a um objetivo preciso, com pausas que seriam "os momentos em que ele mesmo se detém, em sua corrida teórica, para avaliar sua estratégia e corrigi-la" (p. 23).

Segundo Calvet, esse trajeto se precisa, e esse projeto se realiza, a partir do momento em que Barthes descobre a linguística: "Ele entra definitivamente na linguística, como se entra numa religião, e torna mais precisa sua relação com a política" (p. 67). Se, no *Degré zéro*, "falta rigor à terminologia", é que, "por um lado, Barthes não conhecia a linguística" e, "por outro lado, essa linguística ainda não havia fixado bem sua posição sobre a matéria" (p. 34). Barthes só progride à medida que se instrui em linguística; todas as suas "incertezas científicas", "seus defeitos" e "seus balbucios temporários" provêm disso. Há momentos em que Barthes "só avança um pouco", em que ele "marca passo" (p. 79), mas a linguística vem a seu socorro para que ele possa prosseguir e realizar seu projeto.

As observações de Mitsou Ronat, em seu artigo intitulado "Alternative"[2], procedem também de uma crença na linguística. Segundo ela, bastaria que Barthes conhecesse melhor a linguística transformacional para encontrar a "boa alternativa".

O problema, para os linguistas, é que Barthes "embaralha as cartas" (Calvet, p. 68): "ele falseia sensivelmente o sentido" dos termos linguísticos (p. 90); suas inovações apresentam a desvantagem de utilizar, num sentido novo, termos que têm um sentido particular e muito diverso na linguística (p. 57).

Perante esses maus hábitos, Calvet se mostra dividido: se fala de "desvantagem" e de "falta de rigor", deixa-se no entanto levar pela simpatia e toma a defesa de Barthes contra "os velhos linguistas rabugentos" (p. 91), propondo-se até mesmo "perpetuar esse escândalo".

Mas, justamente, o escândalo é o da escritura, e esta não entra no projeto de Calvet. A única definição de escrita que permanece presente

---

1. Louis-Jean Calvet, *Roland Barthes, un regard politique sur le signe*. Paris: Petite Bibliothèque Payot, 1973.
2. *L'Arc*, n° 56. Paris, 1° trimestre de 1974, pp. 30-6.

em seu espírito é a do *Degré zéro*, que sofreu depois um notável deslocamento na obra de Barthes. É a escritura que embaralha as cartas, e é diante dela que os linguistas recuam.

E, no entanto, é somente na escritura de Barthes que se poderia encontrar aquela continuidade tão procurada: uma continuidade não de consequência, mas de insistência, não a de um sujeito que se adensa no cumprimento de um projeto, mas a de um enunciador que se esquiva e se dissemina no corpo a corpo com a linguagem.

As afirmações de Calvet são justas até certo ponto; é nesse ponto que desponta o texto. Sem dúvida, a linguística foi muito importante na "evolução" de Barthes; também está fora de dúvida que um projeto político sustentava as análises do mitólogo. Mas o mitólogo se transformou em mitoclasta, e o semiólogo, em semioclasta, porque o mitólogo e o semiólogo eram apenas instâncias do escritor.

O prazer e o gozo, para os quais não há nem teoria nem método (no sentido em que a linguística os concebe), escapam àqueles que têm por objeto "*lalangue*", como diz Lacan. Mesmo que sejam chomskianos e que (exceto um!) gostem de gatos, como afirma Mitsou Ronat. Poderíamos, aliás, colocá-la em diálogo com Calvet: "Digamos que acreditamos de bom grado que podemos, sem problema, chamar um gato de gato, e que certa linguística nos conforta nessa crença. O último achado de Barthes foi o de vir perturbar esse conforto" (*L'Arc*, n°. 56, p. 26). É preciso reconhecer que Calvet tem o mérito de se deixar perturbar por Barthes.

Para concluir estas questões linguísticas, seria preciso devolver a palavra ao próprio Barthes: "A linguística enuncia bem a verdade sobre a linguagem, mas apenas nisto: *que nenhuma ilusão consciente é cometida*; ora, esta é a própria definição do imaginário: a inconsciência do inconsciente. [...] Tudo o que é apenas tolerado ou totalmente recusado pela linguística (como ciência canônica, positiva), a significância, o gozo, é precisamente isso que retira o texto dos imaginários da linguagem" (*Le plaisir du texte*, p. 55).

É porque seu autor se preocupa com os problemas do texto e da escritura que o livro de Stephen Heath[3] é justo, não no sentido de uma adequação a uma verdade objetiva, mas no sentido de afinamento musical (*justesse*), como diria Barthes. Esse livro é afinado, e seu título, *Vertige du déplacement* [Vertigem do deslocamento], já funciona como um diapasão: "O trabalho de Barthes é uma atividade de deslocamento, mudar de nível, produzir o novo, deslocar. No movimento desse trabalho, um objeto que representa seu campo decisivo, e que cada página

---

3. Stephen Heath, *Vertige du déplacement – Lecture de Barthes*. Paris: Fayard, 1974.

desse livro [*Le plaisir du texte*] designa, de uma maneira ou de outra: esse objeto é o *texto*" (p. 136).

Na perspectiva do texto, Stephen Heath persegue os deslocamentos do conceito de escritura, do *Degré zéro* até *Le plaisir du texte*, isto é, desde uma escrita *socioletal* (que seria hoje, para Barthes, uma *escrevência*) até o sentido forte e atual do termo: "atividade reflexiva, lúdica, do significante" (p. 51).

Questionando os fundamentos idealistas do signo, a escritura é, ao mesmo tempo, um questionamento (*mise en procès*) do sujeito: "Os textos de Barthes derivam de um desejo, e esse desejo de escritura, de todos os matizes dos signos, atravessa a ciência para só retomá-la sob a forma de novas reivindicações, as de uma atenção prestada à germinação do sentido e do sujeito que nele se acha inscrito, à lógica própria do significante que excede o sujeito e o sentido, que transportam a ciência para *outra coisa*, que é justamente a escritura, trabalho na e da língua" (p. 59).

É nesse ponto que outra ciência atravessa os escritos de Barthes, esclarecendo-os ao mesmo tempo que esses escritos a esclarecem: a psicanálise, que interroga a linguística e é questionada pela prática textual. Stephen Heath não deixa de conceder à intervenção psicanalítica o lugar que esta exige, quando se fala de Barthes.

Os dois momentos maiores do deslocamento barthesiano assinalados por Stephen Heath (semiologia e semanálise) orientam igualmente a leitura de Françoise Gaillard em "Roland Barthes 'sémioclaste'?"[4]. Françoise Gaillard vê, porém, uma limitação na empresa barthesiana, certa "retomada do sujeito": "No avesso do desejo de inteligibilidade, inscrevia-se, de fato, a tensão dirigida à inteligibilidade do desejo." O desejo do sujeito codificador correria então o risco de fundá-lo como sujeito pleno, a apropriação do desejo daria ao sujeito uma nova consistência. Interrogações sugestivas e pertinentes, na medida em que elas se colocam no próprio campo da prática textual, mas às quais Barthes responde ele mesmo, em *Le plaisir du texte*, quando define o lugar do gozo como aquele de uma perda, lugar do *fading* do sujeito, "encenação de um aparecimento-desaparecimento" que desloca o sujeito e impede qualquer consistência.

Esse conjunto de leituras de Barthes fornece matéria à reflexão. Há aqueles que escrevem "ao lado" de Barthes, os que escrevem "sobre" Barthes, os que escrevem "em" Barthes, e mesmo aqueles que escrevem "em barthesiano", como se fosse uma língua. A ambição maior

---
4. *L'Arc*, n°. 56, pp. 17-24.

é a de escrever em Barthes, isto é, de aceder à escritura. Mas escrever "em" Barthes é frequentemente correr o perigo da fascinação, de querer se inscrever no texto barthesiano como no ventre de uma mãe, querer repetir o que não se repete: o gozo.

Diante de seus leitores, Barthes só tem uma saída: "a fuga para a frente: toda linguagem antiga fica imediatamente comprometida, e toda linguagem se torna antiga quando ela é repetida" (*Le plaisir du texte*, p. 65).

Já projetado para a frente a fim de evitar a imobilização que seria repetir a si mesmo, Barthes é forçado, por seus leitores, a uma fuga ainda mais urgente, à medida que estes lhe dirigem seus olhares mais ou menos afetuosos, oferecendo-lhe espelhos mais ou menos fiéis. A cada leitura, mesmo a mais amigável, Barthes sofre a ameaça de se ver engolido pelo imaginário de outrem, o risco de ser transformado em estátua de sal. Ser de fuga, Barthes se furta, cedendo a seus seguidores lugares desertados.

Cartas de Roland Barthes a Leyla Perrone-Moisés

MINISTÈRE DE L'ÉDUCATION NATIONALE
•
ÉCOLE PRATIQUE DES HAUTES ÉTUDES
VIe SECTION - SCIENCES ÉCONOMIQUES ET SOCIALES
SORBONNE

54, RUE DE VARENNE, PARIS 7e
TÉL. : 222.68-20

PARIS, LE 10 Décembre 19 68

Chère Madame,

    Je m'excuse très vivement de vous avoir si mal vue lors de mon dernier séminaire. J'ai été très touché par vos paroles aimables et l'importance des articles que vous m'avez laissés. Je vous en remercie sincèrement. Je serai heureux de vous rencontrer plus tranquillement, si vous voulez bien me téléphoner un jour pour prendre rendez-vous après les vacances de Noël.

Très cordialement

R Barthes
Roland Barthes

DAN 95-85 11, rue Servandoni Paris VI

Paris, 10 de dezembro de 1968

Cara senhora,

Peço-lhe muitas desculpas por tê-la visto tão mal, em meu último seminário. Fiquei muito sensibilizado por suas palavras amáveis e pela importância dos artigos que me entregou. Agradeço-lhe sinceramente. Gostaria de encontrá-la mais tranquilamente, se a senhora quiser me telefonar um dia para marcar um encontro depois das férias de Natal.

Muito cordialmente

Roland Barthes

DAN 95-85 11, rue Servandoni Paris VI

MINISTÈRE DE L'ÉDUCATION NATIONALE
•
ÉCOLE PRATIQUE DES HAUTES ÉTUDES
VI° SECTION   SCIENCES ÉCONOMIQUES ET SOCIALES
SORBONNE

54, RUE DE VARENNE, PARIS 7°
TÉL. 222.68.20

PARIS, LE   5 Mai   1969

Chère Mademoiselle,

        Je vous remercie pour votre lettre. Je suis moi-même très particulièrement heureux que l'Editora Perspectiva vous ait confié la traduction de Critique et vérité et des Essais critiques. Je suppose que cette maison d'édition s'est mise en rapport avec le Seuil et a obtenu son accord; sinon il faudrait évidemment le faire tout de suite.

        Votre choix des Essais critiques et le principe qui le dicte sont excellents et pour ma part je n'en retirerais rien. Je me demande seulement si l'ensemble ainsi constitué ne sera pas un peu abstrait, et par conséquent, s'l'on ne pourrait pas ajouter, à titre d'échantillons modestes, quelques textes, plus concrets, et d'une autre inspiration. Je pense à un texte sur Brecht (l'un des trois articles sur Brecht qui sont dans les Essais critiques), au texte sur Foucault (De part et d'autre), à un texte sur Robbe-Grillet (Le point sur Robbe-Grillet). Ce supplément, très restreint, n'altérerait peut-être pas le principe de votre choix. Je vous laisse cependant toute liberté de juger au mieux, en fonction du public brésilien que vous connaissez bien.

        Je vous remercie encore et vous prie de croire à mes sentiments de très cordiale sympathie.

R Barthes

Roland Barthes
11, rue Servandoni
Paris VI

Paris, 5 de maio de 1969

Cara senhorita,

Agradeço-lhe por sua carta. Eu mesmo estou particularmente feliz pelo fato de a Editora Perspectiva lhe ter confiado a tradução de *Crítica e verdade* e dos *Ensaios críticos*. Suponho que essa editora tenha entrado em contato com a Seuil e obtido seu acordo; se não, seria evidentemente necessário fazê-lo imediatamente.
Sua escolha dos *Ensaios críticos* e o princípio que a orienta são excelentes e, quanto a mim, não retiraria nenhum deles. Pergunto-me apenas se o conjunto assim constituído não será um pouco abstrato e, por conseguinte, se não poderíamos acrescentar, a título de modestas amostras, alguns textos mais concretos e de outra inspiração. Penso num texto sobre Brecht (um dos três artigos sobre Brecht que estão nos *Ensaios críticos*), no texto sobre Foucault (*De part et d'autre*), num texto sobre Robbe-Grillet (*Le point sur Robbe-Grillet*). Esse suplemento, muito restrito, talvez não altere o princípio de sua escolha. Deixo-lhe porém toda a liberdade de julgamento, em função do público brasileiro, que a senhorita conhece bem.
Agradeço-lhe novamente e peço-lhe que creia em meus sentimentos de cordial simpatia.

Roland Barthes
11, rue Servandoni
Paris VI

ROLAND BARTHES
Directeur d'Études
à l'École Pratique des Hautes Études

toute ma gratitude de
ne pas m'oublier et
d'avoir pensé à m'
envoyer votre article
maldororien, qui m'a
l'air passionnant.
A mon tour, je vous dis
mon souvenir amical
et très fidèle
                    RB

                9 Août 69

Roland Barthes
Orientador de Pesquisas na École Pratique des Hautes Études

Toda a minha gratidão por não ter me esquecido e ter pensado em enviar-me seu artigo maldororiano, que parece apaixonante.
Por minha vez, expresso-lhe meu sentimento amigo e muito fiel

RB

9 de abril de 69

11, RUE PIERRE SEMARD
   RABAT

30 Avril

Chère Mademoiselle,

un grand, un très grand merci pour votre article sur S/Z : ce que j'ai pu en lire est de cette qualité-même qui justifie <u>enfin</u> le travail que représente un livre : je dis <u>enfin</u>, car jusqu'à présent la presse française semble beaucoup moins <u>sérieuse</u> que la presse étrangère. Je vous suis donc très spécialement reconnaissant pour votre étude. Reconnaissant aussi pour la traduction que vous préparez : votre ordre me parait excellent, et pour une édition italienne, j'avais moi-même regroupé les articles par "Champs", comme vous le faites ; je suis donc tout à fait d'accord avec vous. — Hélas je ne pourrai encore venir au Brésil cette année : il faut me comprendre : je suis sous contrat marocain jusqu'en Octobre et ce serait délicat pour moi de demander un congé de mission même pendant les vacances ; je vous dis mes excuses, mes regrets profonds pour ce nouveau délai ; ma crainte est que l'amabilité brésilienne ne finisse par se lasser de ces retards — alors que j'ai le désir vif et sincère de découvrir le Brésil et que, si tout le monde en est encore d'accord, j'ai le projet ferme de faire ce voyage en Août-Septembre 1971. Voulez-vous bien vous faire l'avocate de ces considérations auprès de vos collègues — les remercier encore de leur invitation, à laquelle je tiens ? Merci de tout cœur pour tout cela.

Très cordialement à vous

R Barthes

Je reprendrai mon séminaire à Paris à la rentrée.

30 de abril [de 1970]

11, rue Pierre Semard
RABAT

Cara senhorita,

Um grande, muito grande obrigado por seu artigo sobre *S/Z*: o que pude ler dele é exatamente daquela qualidade que justifica *enfim* o trabalho que representa um livro: digo-lhe *enfim*, pois até o momento a imprensa francesa parece muito menos *séria* que a imprensa estrangeira: fico, portanto, especialmente grato por seu estudo. Grato também pela tradução que a senhorita prepara: sua ordem me parece excelente e, para uma edição italiana, eu mesmo havia agrupado os artigos por "campos", como a senhorita fez: estou portanto completamente de acordo. – Infelizmente, ainda não poderei ir ao Brasil este ano: compreenda-me: tenho um contrato marroquino até outubro, e seria delicado para mim pedir um afastamento, mesmo durante as férias; peço-lhe desculpas e lamento profundamente esse novo adiamento; temo que a amabilidade brasileira acabe se cansando dessas protelações – porque tenho um desejo vivo e sincero de descobrir o Brasil e, se todos ainda estiverem de acordo, tenho o firme projeto de fazer essa viagem em agosto-setembro de 1971; queira ser a advogada dessas considerações junto a seus colegas – agradecendo-lhes também seu convite, que me é muito grato.
Obrigado de todo coração por tudo isso.
Muito cordialmente seu

R. Barthes

Retomarei meu seminário em Paris na volta às aulas.

Rabat
11 Août 70

Chère Mademoiselle,

A la hâte car je suis en train de partir pour un voyage dans le Sud Marocain. Je ferai tout ce que je pourrai pour aider votre frère, dont je comprends bien la situation. Personnellement, je n'ai pas un "standing" de sociologue et n'ai guère de pouvoir au niveau des Facultés ; mais si je puis moi-même l'aider, par une attestation, par une démarche, je le ferai immédiatement : qu'il veuille bien m'écrire en me disant ce qu'il faut que je fasse. Outre moi-même, il pourrait s'adresser à mon ami Edgar Morin, qui lui est sociologue et connaît bien le milieu sociologique (CECMAS, 10 rue Monsieur le Prince, Paris 6°), à Jean Duvignaud (dont je ne connais pas l'adresse mais qui est professeur à la Fac. des Lettres de Tours : lui écrire là) et à Georges Friedmann (CECMAS) : à tous de ma part évidemment ; ils le conseilleront mieux que moi, et je leur parlerai de lui, dis que j'aurai quelques précisions. Le plus simple serait donc qu'il m'écrive en me donnant le plus de renseignements possible 1) sur ce qu'il a fait 2) sur ce qu'il souhaite. Dites lui, en tout cas, toute ma solidarité.

Et merci pour les traductions : ce sera une grande joie pour moi de les voir. Donc, à l'année prochaine, cette fois-là sans faute.

            Toutes mes amicales pensées

                  Roland Barthes

Je rentre à Paris le 15 Oct

Rabat
11 de agosto 70

Cara senhorita,

Às pressas, pois estou de partida para uma viagem ao sul marroquino. Farei *tudo o que puder* para ajudar seu irmão, cuja situação compreendo bem. Pessoalmente, não tenho "standing" de sociólogo e não tenho nenhum poder no nível das Faculdades; mas se *eu mesmo* puder ajudá-lo, por um atestado, por uma providência, farei isso imediatamente: que ele me escreva dizendo o que ele quer que eu faça. Além de mim, ele poderia dirigir-se a meu amigo *Edgar Morin*, que é de fato sociólogo e conhece bem o meio sociológico (CECMAS, 10 rue Monsieur le Prince, Paris 6ᵉ), a *Jean Duvignaud* (cujo endereço não sei, mas que é professor na Fac. de Letras de Tours: escreva para lá) e a Georges Friedmann (CECMAS); a todos eles, por recomendação minha, evidentemente; eles o aconselhariam melhor do que eu, e eu lhes falarei dele, assim que tiver algumas precisões. O mais simples será pois que ele me escreva, dando o máximo de informações possível 1) sobre o que ele faz 2) sobre o que deseja. De qualquer modo, diga-lhe toda a minha solidariedade.
E obrigado pelas traduções: vê-las será uma grande alegria para mim.
Portanto, até o próximo ano, desta vez sem falta.
Todos os meus amistosos pensamentos

Roland Barthes

Volto a Paris no dia 15 de outubro

Paris
30 Nov 70

Chère Mademoiselle,

Je vous remercie de tout cœur, non seulement de l'envoi du livre, mais aussi du livre lui-même : cela a été une grande joie pour moi que de voir matérialisé votre très beau travail, je n'en doute pas, car je connais l'efficacité de votre intelligence et de votre sympathie — Je crois en effet qu'il faudrait sérieusement mettre en train l'organisation de mon voyage au Brésil l'été prochain, car je suis bien décidé, cette fois-ci, à le faire ; mais il me faudrait des indications <u>précises</u> : itinéraire, durée, nombre d'exposés différents que je devrai faire, conditions matérielles. Pouvez-vous débrouiller un peu cela, à São Paulo et à Rio ? Merci — et pardon de ce mal que je risque de vous causer. Et merci pour <u>tout</u>.

Bien à vous
R. Barthes

11 rue Servandoni
Paris 6°

Paris
30 de novembro de 1970

Cara senhorita,

Agradeço-lhe de todo coração, não só pelo envio do livro mas também pelo próprio livro: foi uma grande alegria para mim ver materializado seu belo trabalho, do qual não duvido, porque conheço a eficácia de sua inteligência e sua simpatia – Acredito, de fato, que deveríamos tratar seriamente de minha viagem ao Brasil no próximo verão, pois estou bem decidido, desta vez, a fazê-la; mas preciso de indicações *precisas*: itinerário, duração, número de apresentações que deverei fazer, condições materiais. Pode desembaraçar um pouco isso, em São Paulo e no Rio? Obrigado – e perdoe o trabalho que corro o risco de lhe dar. E obrigado por *tudo*.
A seu dispor

R Barthes

11 rue Servandoni
Paris 6^e

(Resposta ao envio do livro *Crítica e verdade*.)

28 février 71

Chère amie,

Je réponds bien tard à votre lettre et m'en excuse ; je suis débordé — et de plus, il faut l'avouer, j'hésite encore une fois beaucoup à m'engager à venir au Brésil l'été prochain. Depuis 5 mois, je n'arrête pas de préparer des cours, des exposés, de mener articles et je suis déprimé de ne pas travailler au fond pour moi ; je n'ai pas ce travail de fond que l'été et c'est pour moi une angoisse de l'absorber encore dans un long voyage, dans la préparation de séminaires etc., d'autant que je suis très fatigué. En toute lucidité, ma position est la suivante : il faudrait que je ne puisse venir que peu de temps : 8 à 10 jours, de préférence fin septembre, surtout pour avoir des contacts, un très petit nombre d'exposés servant de prétexte ; mais je crains que ni du côté brésilien, ni surtout du côté français (qui l'on paiera le voyage), on n'accepte un voyage aussi court. Voulez-vous rapidement voir la question ? Autrement, je ne puis guère m'engager. Il faudrait aussi me donner des précisions sur les conditions matérielles de mon séjour.

Je n'ai pas besoin de vous dire longuement toute ma gratitude pour cette petite mission d'information dont vous voulez bien vous charger.
Merci, donc, de tout cœur — et bien amicalement à vous

Roland Barthes

11 rue Servandoni Paris 6°

28 de fevereiro de 1971

Cara amiga,

Respondo com atraso a sua carta e peço-lhe desculpas; estou sobrecarregado – e além disso, devo confessar, hesito mais uma vez em me comprometer a ir ao Brasil no próximo verão. Há 5 meses não paro de preparar cursos, conferências e pequenos artigos, e estou deprimido por não trabalhar a fundo para mim mesmo; só posso fazer esse trabalho de fundo durante o verão e é para mim uma angústia absorvê-lo novamente numa viagem longa, na preparação de seminários etc., ainda mais porque estou bastante cansado. Em toda lucidez, minha posição é a seguinte: seria preciso ir por pouco tempo: 8 a 10 dias, de preferência no fim de setembro, sobretudo para fazer contatos, tendo como pretexto um número bem pequeno de conferências; mas temo que nem do lado brasileiro, nem sobretudo do lado francês (que pagará a viagem), aceitem uma viagem tão curta. Você pode ver rapidamente a questão? De outra forma, não posso me comprometer. Seria também necessário dar-me informações precisas sobre as condições materiais de minha estada.
Não preciso estender-me para lhe dizer toda a minha gratidão por essa pequena missão de informação que você se dispõe a assumir.
Obrigado, pois, de todo coração – e amistosamente – a seu dispor

Roland Barthes

11 rue Servandoni Paris 6^e

ÉCOLE PRATIQUE DES HAUTES ÉTUDES
(VIᵉ SECTION)
Sciences Economiques et Sociales
SORBONNE

17, Rue de la Sorbonne (ODEon 24-13)
PARIS, le 1 Avril 77 19

Cher ami,

Merci de tout cœur pour votre lettre si précise et si généreuse. Vous me rendez, par votre gentillesse et votre efficacité, encore plus cruelle la nécessité où je me trouve de vous décevoir ; même le voyage bref que vous aviez pensé imaginer n'est pas possible. Je vous passe le détail de mes problèmes ; disons d'un mot qu'il faut que je me préoccupe d'avoir un Doctorat sur travaux, et la préparation du dossier doit se faire cet été ; cela veut dire que j'ai besoin de tout mon été pour travailler ; je viens en finir avec cela — Vous devez me comprendre et bien expliquer à tous ceux qui ont bien voulu s'intéresser à ma venue que ce n'est pas par négligence, apathie ou indifférence qu'une fois encore je renonce à ce voyage : rien ne m'excite plus que l'idée d'un voyage au Brésil, à la fois intellectuellement, éthiquement, esthétiquement, etc ; mais il faut d'abord que je me libère des dernières options de travail et de profession de ma vie. Voilà où j'en suis. Nous verrons plus tard (mais de toutes manières j'aimerais mieux me passer des services du Ministère des Affaires Étrangères), nous en reparlerons. Encore merci, de tout cœur, pour tout. Gardons bien le contact. Votre ami fidèle

R Barthes

Paris, 1º de abril de 1971

Cara amiga,

Obrigado de todo coração por sua carta, tão precisa e tão generosa. Você torna, por sua gentileza e eficácia, ainda mais cruel a necessidade que tenho de decepcioná-la; nem mesmo a viagem breve que você imaginou é possível. Poupo-lhe os detalhes de meus problemas; digamos, numa só palavra, que me preocupo com a obtenção de um doutorado *sur travaux*, e a preparação do dossiê deve ser feita neste verão; isso quer dizer que precisarei de *todo* o meu verão para trabalhar; quero acabar com isso – Você deve me compreender, e explicar a todos os que se interessaram pela minha vinda que não é por negligência, apatia ou indiferença que renuncio mais uma vez a essa viagem: nada me excita mais do que uma viagem ao Brasil, tanto intelectualmente como eticamente, esteticamente etc.; mas preciso primeiro me libertar das últimas opções de trabalho e de profissão da minha vida. Eis onde estou. Veremos mais tarde (mas de qualquer modo eu preferiria dispensar os serviços do Ministério dos Negócios Exteriores), voltaremos a falar disso.
Mais uma vez obrigado, de todo coração, *por tudo*. Permaneçamos em contato.
Seu amigo fiel

R Barthes

22 Sept 72

Tous mes vœux de réussite pour ce voyage. Tenez moi au courant. J'espère que nous pourrons nous voir mieux qu'à votre dernier passage.

A vous,
fidèlement
R Barthes

21 de setembro de 1972

Todos os meus votos de êxito para essa viagem. Mantenha-me informado. Espero que possamos nos ver melhor do que por ocasião de sua última passagem.

Seu,
fielmente

R Barthes

Cecilia Perrone Moisés

Je trouve ça très bien, d'une clarté, d'une solidité séduisante. L'avez-vous envoyé à Todorov ? Cela lui ferait plaisir.

Je garde précieusement le texte, d'une précieuse utilité à ce travail d'analyse.

RB

Leyla Perrone-Moisés

Acho isso *muito bom*, de uma clareza, de uma solidez *sedutora*. Você o enviou a Todorov? Ele ficaria contente.
Guardo preciosamente o texto, de uma *preciosa* utilidade no trabalho de análise.

RB

(Paris, 1973 – comentário a um artigo meu sobre *Le rouge et le noir*.)

MINISTÈRE DE L'ÉDUCATION NATIONALE
ÉCOLE PRATIQUE DES HAUTES ÉTUDES
VIᵉ SECTION · SCIENCES ÉCONOMIQUES ET SOCIALES
SORBONNE

54, RUE DE VARENNE, PARIS 7ᵉ
TÉL. : 222.68-20

PARIS, LE 27 Oct 73

Chère Leila,

Je me débats ds l'organisation du séminaire et j'avoue que je n'y arrive pas bien ; je n'oublie pas votre désir d'y revenir ; je préférerai de ne pas vous inscrire, car c'est terriblement complet, tout en vous laissant libre de venir, si je puis dire, en surnombre, "hors Concours", càd hors sûr en amie. Il y a deux groupes, un le Jeudi à 16ʰ (Salle 5), un à 18ʰ, au CECMAS ; il y a même un 3ᵉ groupe ("officieux") un Mercredi sur deux à 18ʰ, au Cecmas (début : le Mercredi 14 Nov).

À bientôt, donc, d'une manière ou d'une autre à vous

R Barthes

Paris, 27 de outubro de 1973

Cara Leila,

estou me debatendo na organização do seminário e confesso que não estou me saindo muito bem; não esqueço seu desejo de voltar a ele; preferiria não inscrevê-la, pois está horrivelmente lotado, mas deixando você livre para vir, por assim dizer, como excedente, "hors concours", isto é, claro, como amiga. Há dois grupos, um na quinta--feira às 16h (Sala 5), outro às 18h, no CECMAS; há até mesmo um 3º grupo ("oficioso") na quarta-feira, de quinze em quinze dias, no Cecmas (início: quarta-feira 14 de novembro).

Até breve, pois, de uma maneira ou de outra seu

R Barthes

J'ai été très touché par votre lettre et j'aurais voulu vous

ROLAND BARTHES
Directeur d'Études
à l'École Pratique des Hautes Études

le dire plus tôt, quand je vous ai vue au dernier séminaire. Vous savez que vous y serez toujours chez vous, venez-y quand vous voulez, et tenez-moi bien au courant de ce que vous faites.
À vous, très fidèlement R B

[Paris, 1974]

Fiquei muito sensibilizado por sua carta e desejaria tê-lo dito mais cedo, quando a vi no último seminário. Você sabe que ali estará sempre em sua casa, venha quando quiser, e mantenha-me informado daquilo que está fazendo.

Seu, muito fielmente

RB

II
PASSANDO O ANEL

ESCRITA OU ESCRITURA?*

Já é tempo de "acertar a escrita" com relação a essas palavras gêmeas, e aproveito a oportunidade da publicação de mais uma obra barthesiana em português[1] para colocar algumas considerações a esse respeito. O equivalente da palavra francesa *écriture* tem aparecido, entre nós, com crescente frequência, quer nas traduções dos teóricos franceses, quer nos textos de nossos próprios teóricos e críticos, com referência ou não aos textos em que ela se fixou, como uma palavra-chave de toda uma reflexão sobre os caminhos atuais da literatura.

Nossos tradutores e críticos têm usado, indiferentemente, *escrita* ou *escritura*, segundo as preferências ou idiossincrasias de cada um. De fato, as duas palavras podem ser usadas como sinônimas, no sentido de "representação de palavras por meio de sinais" (primeira acepção de *escrita* e segunda acepção de *escritura* no dicionário de Aurélio Buarque de Holanda Ferreira). Entretanto, vejo grandes vantagens na utilização da palavra *escritura* em determinados contextos, e é isso que passarei a expor.

O francês tem uma única palavra para designar a representação da fala ou do pensamento por meio de sinais: *écriture*. Assim, em expressões como *apprentissage de l'écriture* ou *écriture cunéiforme*, aparece a mesma palavra que Barthes usa quando diz, em *O prazer do texto*: "*L'écriture est ceci: la science des jouissances du langage, son kamasutra.*" É evidente que, na frase barthesiana, não se trata da mesma *écriture* que as crianças aprendem na escola, ou daquela estudada pela grafologia, pela edótica ou pela paleografia. Como, em português, dispomos de duas palavras – *escrita* e *escritura* –, podemos aproveitar essa riqueza léxica para distinguir os dois usos da palavra *écriture*. Traduziremos, então, as expressões usadas no início deste parágrafo: respectivamente, "aprendizagem da escrita", "escrita cuneiforme" e "A escritura é isto: a ciência dos gozos da linguagem, seu kamasutra".

---

* Artigo publicado no *Suplemento cultural* de *O Estado de S. Paulo*, 29/7/1977.
1. Roland Barthes, *Aula*. São Paulo: Cultrix, no prelo. [Publicado em 1980, com tradução e posfácio de minha autoria.]

A palavra *écriture*, em Barthes, se refere a uma noção (que não chega a ser um conceito, porque é apenas um conjunto de traços distintivos), noção esta que vem se desenvolvendo há longos anos, não só nos textos barthesianos mas também nos de Lacan, Derrida e teóricos do grupo Tel Quel. Trata-se, pois, de um uso preciso e particular da palavra. Não cabe aqui discutir todas as implicações dessa noção através de sua obra: isso foi, aliás, o que tentei fazer numa tese transformada posteriormente em livro[2]. Basta lembrar aqui que, para Barthes, a *escritura* é a escrita do escritor (e seria impossível formular em francês, sem uma aborrecida tautologia, o que acabo de formular em português, com uma voluntária redundância). Digamos ainda: para Barthes, é *escritura* ou *texto* todo discurso em que as palavras não são usadas como instrumentos, mas encenadas, teatralizadas como significantes. Toda escritura é portanto uma escrita, mas nem toda escrita é uma escritura, no sentido barthesiano do termo.

Jogando com as duas palavras, em português, podemos evitar, dentro desse contexto, ambiguidades indesejáveis: a *escrita* pode opor-se à *fala* (palavra escrita × palavra oral); pode também opor-se a *leitura* (por exemplo: "a leitura exige menos tempo do que a escrita"). Em Barthes e nos textos do grupo Tel Quel, a *escritura* substitui, historicamente, a *literatura* (a literatura é representativa, a escritura é apresentativa; a literatura é reprodutiva, a escritura é produtiva; o sujeito da literatura é pleno, centrado, pessoal, o da escritura é vazio, flutuante, impessoal etc.). Em outro paradigma operacional barthesiano, *escritura* se opõe ao neologismo *escrevência* [*écrivance*]. A primeira é intransitiva (não é uma "comunicação"), a segunda é transitiva (transmite uma "mensagem").

A escritura, para Barthes, é um "novo valor", "transbordamento, arrebatamento do estilo para outras regiões da linguagem e do sujeito, longe de um código literário classificado (código perempto de uma classe condenada)" (*Roland Barthes por Roland Barthes*). O texto, que é o lugar onde a escritura se tece, é uma utopia da linguagem: "É falso dizer que a noção de 'texto' redobra a noção de 'literatura'; a literatura *representa* um mundo acabado, o texto *figura* o infinito da linguagem: sem saber, sem razão, sem inteligência" (idem).

Acrescentei essas citações para deixar mais claro que a palavra *escritura*, em Barthes, se refere a algo novo e particular. Portanto, se nada nos obriga, em geral, a distinguir *escrita* de *escritura*, a particularidade da

---

2. *Texto, crítica, escritura*, op. cit.

noção nos convida a fazê-lo nas traduções de autores como Barthes, Lacan, Derrida[3], Sollers ou em textos brasileiros que a eles remetam.

Os portugueses parecem ter optado conjuntamente por *escrita*, para traduzir essa *écriture* barthesiana, lacaniana, derridiana ou outra. Nas traduções e referências brasileiras existe certa flutuação, notando-se, ultimamente, uma maior ocorrência da palavra *escritura*. Talvez, por isso, o crítico português Eduardo do Prado Coelho tenha observado: "Onde os brasileiros dizem *escritura*, preferimos continuar a dizer *escrita*, suponho que com vantagem em todos os campos" (numa generosa resenha de meu livro em *Colóquio/Letras*, n.º 47, 1979). Infelizmente, ele não se alonga para justificar a vantagem que afirma.

Alguns alegam que esse uso de *escritura* seria um galicismo. Ora, em português como em francês, a palavra vem diretamente do latim *scriptura*. Como já referimos, o *Novo Aurélio* apresenta a possibilidade do uso sinonímico de *escrita* e *escritura*. E a erudição de Segismundo Spina nos assegura: "Temos observado que até os puristas menos exigentes repelem o emprego de *escritura* com acepção de escrita, por francesia. Tal emprego só nos parece condenável quando o termo *escritura* pode dar margem a confusão com certo tipo de documento escrito. Fora disso, *escritura* é tão bom português quanto *escrita*, vindo já registrado com o sentido de 'escrita' nos bons dicionários da língua – desde o velho Constâncio em 1836."[4]

Repelida, pois, a suspeita de francesia, vejamos outros argumentos dos que rejeitam o termo: alguns alegam que ele se refere apenas a um tipo de documento tabelional ou aos textos da religião (as Sagradas Escrituras). Parece-nos evidente que, num discurso de teoria ou de crítica literária, dificilmente poderiam surgir dúvidas quanto ao tipo de *escritura* a que se está referindo. Esses outros sentidos não seriam, pois, um empecilho à compreensão. Além disso, como conotações, os outros sentidos da palavra se harmonizam bem com a noção barthesiana de escritura. A conotação tabelional, por exemplo, não é um estorvo para Barthes, mas um parentesco semântico assumido e explorado: "Não foi a escritura, durante séculos, o reconhecimento de uma dívida, a garantia de uma troca, a firma de uma representação? Mas, hoje, a escritura vai indo lentamente para o abandono das dívidas burguesas, para a perversão, o extremo do sentido, o texto..." (*Roland Barthes por Ro-*

---

3. Em discussão pessoal sobre o assunto, Derrida me disse que, em seus textos, a ambiguidade da palavra *écriture* deveria ser mantida, pois ele a usa ora num sentido, ora noutro. [Nota acrescentada em 2009.]
4. *Introdução à edótica*. São Paulo: Cultrix/Edusp, 1977.

land Barthes). Se traduzíssemos essa citação usando *escrita* na segunda ocorrência, perder-se-ia todo o jogo de deriva da palavra *escritura* praticado por Barthes. Quanto à conotação sagrada, esta só enobrece o termo *escritura*, com relação à *escrita*, geral e instrumental. O texto literário sempre teve e continua tendo, mesmo em suas formas mais novas, "escriturais", relações com a linguagem mágica, religiosa ou sagrada – linguagem da coisa ela mesma, ou linguagem que inaugura e instaura o mundo.

Outro aspecto da palavra *escritura* nos oferece uma feliz coincidência morfológico-semântica. Em latim clássico, o termo *scriptura* é uma substantivação do particípio futuro ativo de *scribere* (*scripturum, a, um*), significando "o que há de escrever, tendo ou havendo de escrever". A marca morfológica de futuro, impressa na palavra *escritura*, convém perfeitamente à escritura barthesiana, definida como "um novo profetismo" (*Aula*).

Quanto ao uso da palavra na acepção de "texto literário", Segismundo Spina me confirmou, numa carta-verbete que a esse respeito me escreveu: "Já no latim clássico se confundiam as acepções dos termos *scriptum,i* e *scriptura,ae*, isto é, significavam 'coisa escrita, letra, texto, redação, composição escrita, obra'. Entretanto, o termo escritura, em latim, possuía uma amplitude semântica maior do que a de *scriptum*: podia significar até uma obra literária, uma obra de estilo."

De fato, com o sentido de escrita poética ou literária, o termo *escritura* está documentado em grandes autores portugueses e brasileiros. Esse não é, aqui, um argumento de autoridade, mas um argumento "escritural", pois, como apontou Bakhtine, as palavras têm uma história e uma vida em determinadas áreas de fala ou de escrita; e, no texto literário, quando vêm carregadas de uma ascendência escritural, elas entram num precioso *intertexto*. E a *intertextualidade* assumida é uma das características maiores dessa *escritura* que se anuncia no horizonte do futuro literário.

Camões, por exemplo, usou quatro vezes a palavra *escritura* nos *Lusíadas* (IV, 56; V, 22; V, 23; V, 89), no sentido de texto escrito. E pelo menos uma vez, na lírica camoniana, a palavra se refere exatamente à escrita do poeta, no soneto "Cara minha inimiga em cuja mão...", que termina com o seguinte verso: "Será minha escritura teu letreiro" (Soneto XLIX, col. Hernani Cidade). Consultei a esse respeito Segismundo Spina, que me respondeu: "Aqui, o poeta quer dizer que o 'letreiro', o epitáfio da amada, será a matéria daquilo que ele há de escrever (*escritura*), nos seus escritos (literários, no caso; e com essa acepção se trata de um latinismo)."

Mas não foi só Camões que usou a palavra no sentido literário. Vieira, na Introdução aos *Sermões*, diz: "Nunca me persuadi a sair à luz com semelhante gênero de escritura, de que o mundo está cheio." Antônio de Morais Silva explica, em seu Dicionário, que se trata aí da acepção "obra literária" ou "literatura". Mais perto de nós, Mário de Andrade, em *Aspectos da literatura brasileira*, refere-se à diferença entre o estilo do jornalista e o do escritor Raul Pompeia: "O grande artista... Quem quer leia os veementes artigos de jornal de Raul Pompeia e mesmo as suas mais discretas *Canções sem metro*, surpreender-se-á com a distância entre estes e a escritura de *O Ateneu*." E, mais adiante: "Mas conseguiu o que pretendia, a escritura artista, artificial, original, pessoal, tão sincera e legítima como qualquer simplicidade."[5] Para terminar, citarei Clarice Lispector, que diz lindamente pela boca de uma personagem: "Antes de mais nada, pinto pintura. E antes de mais nada, te escrevo dura escritura" (*Água viva*).

Gostaria de acrescentar a essas observações sobre a palavra *escritura* uma que se refere à tradução de outro termo pertencente ao mesmo campo semântico, lacaniano e barthesiano. Trata-se da palavra *jouissance*, usada especialmente em *O prazer do texto*. Essa palavra foi traduzida, em português, por *fruição*, termo totalmente inadequado nesse contexto teórico. A *jouissance* barthesiana é um conceito vindo diretamente da psicanálise (via Lacan), na qual está diretamente afeto à *libido*. A *jouissance* é o *gozo*, no sentido sexual do termo, embora esse sentido seja aqui metafórico. Porque o próprio gozo sexual é uma metáfora, segundo Lacan: "Trata-se de metáfora. No que concerne ao gozo, é preciso colocar a falsa finalidade como respondente daquilo que é apenas pura falácia, de um gozo que seria adequado à relação sexual. A esse título, todos os gozos são apenas rivais da finalidade que existiria se o gozo tivesse a menor relação com a relação sexual."[6]

O gozo, nesse contexto psicanalítico-lacaniano, é o que o sujeito alcança no próprio malogro da relação sexual – que nunca pode suprir o desejo, como nada pode; que nunca pode fazer, de dois, o Um. Todo o sabor da palavra *jouissance*, em Barthes como em Lacan, está nessa conotação sexual, orgasmática, que se afirma ao mesmo tempo que se declara impossível, a não ser como metáfora. Em Barthes, a metáfora se transfere para o campo da escritura, mas conservando a mesma referência sexual (frustrada como tal, realizada como deslocamento). Portanto,

---

5. Devo a lembrança dessas citações à erudição de Haroldo de Campos.
6. *Le Séminaire livre XX, Encore*. Paris: Seuil, 1975, p. 102.

não há razão para que se apague, como que por pudor, na palavra *fruição*, a conotação sexual que só a palavra *gozo* pode manter.

Além disso (e por isso mesmo que acima foi dito), a *jouissance* barthesiana é a realização paradoxal do desejo *em pura perda*. "O gozo é o que não serve para nada", diz ainda Lacan (idem, p. 10). E é justamente por esse caráter de perda, de gasto (*dépense*) inútil, que esse gosto é o oposto da *fruição*, na qual há o sentido de tirar proveito, de desfrutar (um vinho de grande safra, um quadro de mestre, por exemplo). Fruir é estar em posse de alguma coisa e, na *jouissance*, o sujeito não entra em posse de nada, nem de si mesmo. "*Il se dépense*", que deve ser lido como "ele se gasta", tanto quanto "ele se *des-pensa*".

Assim, a oposição *plaisir-jouissance* em *O prazer do texto* perde sentido se traduzida por *fruição*, como ocorreu nas traduções portuguesa e brasileira do livro. O *prazer* (*plaisir*) é o que nos dá a velha literatura; o *gozo* (*jouissance*) é aquilo que nos arrebata na escritura. No prazer, o sujeito é dono de si e de seu deleite; no gozo, o sujeito vacila, experimenta a si mesmo como *falha, falta de ser*. É o que diz Barthes: "Ele frui da consciência de seu eu (é seu prazer), e busca sua perda (é seu gozo)."

Essas considerações sobre tradução podem parecer demasiadamente minuciosas, mas quando se quer traduzir uma escritura em que nada aparece ao acaso e todas as conotações são preciosas (e não são essas as marcas de todo *escritor?*), esse zelo se faz necessário. Além disso, quando se traduz um escritor que é ao mesmo tempo um teórico, o conhecimento dessa teoria não só pode ajudar o tradutor, mas torna-se mesmo imprescindível, para que este não o traia mais do que o inevitável.

DESLOCAMENTOS DA NOÇÃO DE ESCRITURA*

Ao longo de toda a obra de Barthes, acompanhando-a ou guiando-a em seus deslocamentos, uma palavra se mantém em lugar central: *escritura*. É em torno dessa palavra, e mesmo graças a ela, ao seu alcance e sua plasticidade, que a prática de Barthes se pensa e se efetua, se repensa e avança. *Écriture* é, na obra barthesiana, o significante maior: palavra fetiche, conceito operatório, instrumento de análise e de autoanálise, utopia. Objeto do desejo que sustenta a busca.

Menos do que um *conceito* (representação mental geral e abstrata de um objeto), trata-se de uma *noção* (conhecimento sintético intuitivo e impreciso). Essa noção permite reconhecer, em certos textos, um conjunto de traços que os definem como particulares, sem que esses traços constituam, entretanto, uma totalidade fechada, um modelo.

Se percorrermos a obra de Barthes, desde *O grau zero da escrita* (1953) até *A câmara clara* (1980), verificaremos não só a permanência e a importância da palavra *écriture*, mas também as transformações consideráveis que ela vai sofrendo de uma obra a outra. Tais transformações não impedem que certos traços da noção se mantenham obstinadamente estáveis, apesar dos trinta anos que separam as duas obras referidas.

Em *O grau zero da escrita* (que contém textos redigidos desde 1947), Barthes define a *escrita*[1] como a realidade formal situada entre a língua e o estilo, entre o que há de mais geral e o que há de mais particular na linguagem. A língua é um *código* prévio, anterior à *fala*, coletivo, nacional, "um corpo de prescrições e de hábitos, comum a todos os escritores de uma época". O estilo é o uso pessoal da língua, herança do passado individual do escritor, uma "linguagem autárquica", um conjunto de automatismos artísticos que provêm da mitologia secreta do autor: "O estilo é um fenômeno de ordem germinativa, ele é a transmutação de um humor." A escrita é a relação mantida pelo escritor com a sociedade, "a reflexão do escritor sobre o uso pessoal de sua forma",

---

* Síntese resultante de cursos de pós-graduação sobre Barthes ministrados na FFLCH-USP, nos anos 1980, e na Université de Montréal, em 1987.
1. Utilizarei, por enquanto, a palavra *escrita*, em razão da ambiguidade que a palavra francesa mantém nesse primeiro livro.

"a escolha da área social no seio da qual o escritor decide situar a Natureza de sua linguagem" (*DZ*, p. 18)[2].

Se a distinção entre língua e escrita é clara (filiada à distinção saussuriana *langue* e *parole*), a linha de demarcação entre *estilo* e *escrita* é aí muito tênue. Ambos são definidos como um uso pessoal do código, humor individual, no caso do *estilo*, escolha social, no caso da *escrita*; os dois são fenômenos de fala, os dois dependem da subjetividade. A distinção seria facilitada se a parte inconsciente pudesse ser destrinchada da consciente, no ato de escrever: o estilo dependeria de motivações inconscientes e a escrita, de decisões conscientes, fundamentadas em opções sociais e políticas. Pelo menos, é essa partilha que Barthes parece sugerir, quando chama o *estilo* de "a coisa do escritor", aquele "encaminhamento secreto da pessoa" que "não é, de modo algum, o produto de uma escolha", e define a *escrita* como "a reflexão do escritor sobre o uso social de sua forma e a escolha desta que ele assume". Mas ele nos diz, também, que a escrita implica um tom, uma elocução pessoal. Assim, em *O grau zero*, a *escrita* é tanto uma modalidade ética (depende de uma moral e de uma finalidade) quanto uma modulação da fala. Como o estilo, ela é uma *enunciação*.

A escrita é aí apresentada como um compromisso do escritor com a história. Mas tal compromisso é ambíguo:

> Assim, a escrita é uma realidade ambígua; por um lado, ela nasce incontestavelmente de um confronto do escritor com a sociedade; por outro lado, dessa finalidade social ela remete o escritor, por uma espécie de transferência, às fontes instrumentais de sua criação. Na impossibilidade de lhe fornecer uma linguagem livremente consumida, a História lhe propõe uma linguagem livremente produzida (*DZ*, p. 19).

Entre o presente e o passado, a escrita goza de uma liberdade de produção, ao mesmo tempo que é submetida à lembrança, que é reprodução: "A escrita é precisamente esse compromisso entre uma liberdade e uma lembrança, é aquela liberdade reminiscente que só é liberdade no gesto da escolha, mas já não o é em sua duração" (idem).

Ora, o compromisso da escolha com a lembrança, e a fatal transformação do ato livre de escolher num discurso gregário, que evoca um passado e tende a imobilizar-se numa recepção repetitiva, vem recolocar a questão do indivíduo-autor. Em que medida este está presente em

---

2. A partir de agora utilizarei as siglas explicitadas em "Siglas utilizadas" [p. 14 da presente edição].

sua escrita, considerando-se esta como escolha de linguagem? Como distinguir essa presença daquela que provém de sua *coisa* secreta e pessoal, que se manifestaria no estilo?

Outra questão vem complicar a questão da *écriture*, tal como ela está definida em *O grau zero da escrita*: a questão de sua finalidade. A *écriture* tem aí dois objetivos, e eles são conflitantes: dizer a História (voltar-se para o mundo) e dizer a literatura (voltar-se para ela mesma); uma tendência transitiva e outra tendência intransitiva. No aspecto da intransitividade, teríamos aí uma escritura, que implica uma independência com relação ao referente e ao destinatário, uma autorreflexividade, uma associalidade:

> A escritura não é, de modo algum, um instrumento de comunicação. [...] A escritura é uma linguagem endurecida que vive sobre ela mesma e não tem a tarefa de confiar sua própria duração a uma série móvel de aproximações, mas, pelo contrário, de impor pela sombra dos signos a imagem de uma fala construída muito antes de ser inventada (*DZ*, p. 21).

Nessa formulação, vemos mais uma vez a racionalidade, a sociabilidade e a historicidade da escrita como que minadas por determinações inconscientes, associais e intemporais que seriam as da *escritura*: a escrita como arte de escrever, literatura.

Em *O grau zero da escrita*, a definição de *écriture* permanece em suspenso porque, entre a língua e o estilo, ora ela ocupa o lugar gregário das escolhas históricas e políticas, ora ela provém da zona individual que seria a do estilo e, mais ainda, a do transindividual e trans-histórico, que seria o domínio da arte.

Essa aporia da *écriture*, que se deve à preocupação política (marxista) de Barthes no primeiro livro, só será destrinchada ao longo dos anos, e a clara partilha entre escritura e estilo aparecerá em obras posteriores, em que a redefinição dos termos desembocará numa reviravolta completa, como se verá a seguir.

Na fase estruturalista e semiológica, abandonando a escrita (geral, histórica, social), a *écriture* caminhará para uma definição mais clara, como *escritura*. Num texto fundamental dos *Ensaios críticos* (1964), "Escritores e escreventes", Barthes cria o neologismo *escrevência* (*écrivance*), oposto a escritura. Distinguem-se aí aqueles que escrevem alguma coisa (os *escreventes*) daqueles que escrevem, ponto-final (os *escritores*). A escrita dos primeiros é transitiva, comunicativa, portadora de mensagem, a dos segundos é intransitiva, autorreferencial e produtora de sentidos: é escritura.

A escrevência pode ter qualidades de estilo (revestimento formal de um conteúdo prévio), mas nunca será escritura se o engajamento fundamental daquele que escreve for com o mundo, e não com a própria linguagem. A escritura só comunica sentidos de modo indireto; nela, os sentidos são criados no próprio ato de escrever. A questão do engajamento sofre, então, uma profunda mudança. Um autor engajado com a história, que tenha feito a escolha social e política referida em *O grau zero*, será um mero escrevente se sua linguagem tiver apenas a finalidade de comunicar mensagens. A escritura, diferentemente do que era dito da *écriture* naquele primeiro livro, não se define mais pela relação do escritor com a sociedade, mas por sua relação com a linguagem.

O objetivo da *écriture*, apresentado como duplo e ambíguo em *O grau zero*, se radicaliza numa direção:

> Escrever é ou projetar ou terminar, jamais "exprimir"; entre o começo e o fim, falta um elo, que poderia entretanto parecer essencial, o da própria obra; escreve-se talvez menos para materializar uma ideia do que para esgotar uma tarefa, que traz em si sua própria felicidade (*EC*, p. 10).

"Felicidade": eis uma palavra que estava ausente das definições de *O grau zero*, no qual o estilo era uma "fatalidade", e a *écriture*, uma escolha pesada de "responsabilidade". A mudança para um léxico de conotação positiva anuncia uma inflexão da noção de *écriture* que resultará, anos mais tarde, em *O prazer do texto* (1973).

Em artigos publicados na década de 1960, Barthes vai precisando e afinando sua noção de escritura. Em "Da ciência à literatura" (1967, *BL*, pp. 13-20), encontramos uma verdadeira declaração de fé na literatura (palavra usada aí como sinônimo de escritura), já em oposição ao cientificismo do estruturalismo e da semiologia. Desmarcando-se do "imaginário cientificista", Barthes afirma que só a escritura "pratica o imaginário *em pleno conhecimento de causa*", porque só ela está livre da "má-fé que impregna toda linguagem que se ignora". Por trabalhar com a linguagem em pleno conhecimento de suas artimanhas, a escritura (a literatura) não cai nas armadilhas ideológicas que a linguagem oferece àqueles que a consideram transparente e instrumental.

Barthes opõe, então, todos os saberes humanos contidos nas obras literárias ao pretenso saber das ciências do homem:

> Diante dessa verdade inteira da escritura, as "ciências humanas", constituídas tardiamente na trilha do positivismo burguês, aparecem

como os álibis técnicos que nossa sociedade se dá, para nela manter a ficção de uma verdade teológica soberbamente – abusivamente – desligada da linguagem.

Essa reflexão encontrará sua forma mais acabada na aula inaugural do Collège de France (*Aula*, 1977), no tópico que trata da literatura como *mâthesis* (saber). Também na *Aula*, ele reafirmará o aspecto político, num sentido largo, dessa concepção da literatura. Sua crença no papel da linguagem poética como desmistificadora dos logros ideológicos da linguagem utilitária, como reveladora de verdades maiores e anunciadora de caminhos futuros, é a mesma no artigo de 1967 e na *Aula*. A definição e a defesa da escritura não são pois, para Barthes, uma pequena questão de especialista em teoria literária, mas estão no centro de um projeto amplo e persistentemente prosseguido, projeto que é, em última instância, ético[3].

Em 1969, Barthes sente a necessidade de situar-se com relação ao "estilo", conceito embaraçoso desde *O grau zero*. Sua posição está exposta no artigo "O estilo e sua imagem" (*BL*, pp. 141-50). "Qual é a imagem do estilo que me incomoda, qual é a que desejo?", pergunta-se ele. A imagem do estilo que o incomoda é aquela que prevaleceu, durante séculos, nas sucessivas retóricas: uma imagem que se baseia na oposição Fundo e Forma. Ora, o *texto* (palavra que ele começa a usar nessa época, como designação sintética de *texto de escritura*) é, "em seu conjunto, uma multiplicidade de formas – sem fundo", uma "estereografia"; o texto, diz ele, é "decididamente contrapontístico". É toda uma nova concepção da linguagem que aí se expressa, a concepção da alta modernidade: depois de séculos em que ela foi concebida como representação ou expressão, como revestimento exterior de um fundo essencial, a linguagem passa a ser concebida como sistema produtor de sentidos. Daí a superação do conceito de estilo como forma dada ao fundo, que só vale para as obras literárias do passado: "O estilo é um conceito histórico (e não universal), que só tem pertinência para as obras históricas."

Outra oposição sobre a qual repousa o conceito tradicional de estilo, e que também o incomoda, é a oposição Norma e Desvio, que a linguística e a teoria literária do formalismo russo tinham posto em moda. Segundo Barthes, essa oposição implica uma concepção autori-

---

3. Até mesmo no *Diário de luto*, publicação póstuma em que Barthes fala da importância da mãe em sua vida, esse aspecto ético da literatura é referido: "Literatura = única região da Nobreza (como era mam.)." [Nota acrescentada em 2009.]

tária, normalizadora e moralizante da linguagem. O que ele deseja, finalmente, é "*ver* o estilo no plural do texto", em fios que se tecem entrelaçando vários códigos históricos, sem recobrir nenhum fundo original ou final. Podemos dizer que, desde então, "estilo" será para Barthes uma palavra posta entre aspas, um conceito herdado do passado e que só lhe servirá para designar, metaforicamente, cada uma das mil linhas com que se trama o texto da modernidade.

Na década de 1970, Barthes chega a uma definição de escritura que não sofrerá mais transformações importantes, até o fim de sua vida. Em *Roland Barthes por Roland Barthes* (1975), há um fragmento intitulado "A escritura começa pelo estilo", em que ele fala da escritura como "um valor novo", que "é o transbordo, o arrebatamento do estilo para outras regiões da linguagem e do sujeito, longe de um código literário *classificado* (código superado de uma classe condenada)" (*RB/RB*, p. 80).

À medida que a palavra *écriture* vai ganhando conotações que, de positivas, passam a eufóricas (só ela se alia, no vocabulário barthesiano, a palavras como "liberdade", "verdade", "unidade", "prazer", "gozo"), a palavra "estilo" vai se tornando pejorativa. Como valor isolado, o estilo é atributo da escrevência; na escritura, o estilo é capturado e transformado em voz(es) de uma polifonia que desfaz a oposição fundo e forma:

> O estilo supõe e pratica uma oposição do fundo à forma; é o revestimento de uma substrução; a escritura acontece no momento em que se produz tal escalonamento dos significantes que nenhum fundo de linguagem pode mais ser descoberto; porque ele é pensado como uma "forma", o estilo implica uma "consistência": a escritura, para retomar a terminologia lacaniana, só conhece "instâncias" (*SFL*, pp. 10-1).

Sob a inspiração declarada da teoria psicanalítica de Lacan, a reflexão sobre a escritura incorpora, então, a concepção da linguagem como rede de significantes sem significado último, e a teoria do sujeito, como construção imaginária e efeito de discurso. Os conceitos freudianos, usados de modo geral desde *O grau zero*, aguçam-se à luz de Lacan, cuja visada de fundamentação linguística e cuja sensibilidade à literatura o seduzem. O vocabulário psicanalítico predomina nas definições da escritura da década de 1970: "desejo", "imaginário", "fantasma", "pulsão", "perversão" etc.

Essa visada psicanalítica não o afasta, entretanto, de sua reflexão sobre a inserção do texto literário na sociedade e na História. Pelo contrário, a "consciência do inconsciente" será considerada indispensável para a tarefa de crítica ideológica, que sempre foi a preocupação central de Barthes. O fim do prefácio a *Sade, Fourier, Loyola* (1971) indica claramente essa preocupação:

> A intervenção social de um texto (que não se cumpre forçosamente no tempo em que esse texto aparece) não se mede nem pela popularidade de sua audiência, nem pela fidelidade do reflexo econômico-social que nele se inscreve ou que ele projeta, na direção de alguns sociólogos ávidos de o recolher, mas antes pela violência que lhe permite *exceder* as leis que uma sociedade, uma ideologia, uma filosofia se dão, para pôr-se de acordo com elas mesmas, num belo movimento de inteligível histórico. Esse excesso tem um nome: *escritura* (*SFL*, p. 16).

Sade, Fourier e Loyola, segundo Barthes, excedem as leis ideológicas de seus respectivos lugares sociais e momentos históricos porque não são "pensadores" (escreventes), mas escritores, e como tal inventores de linguagens (*logotetas*):

> Qualquer que seja o modo como se julgue seu estilo, bom, mau ou neutro, eles insistem, e nessa operação de pesagem e arrebatamento [*poussée*] não se detêm em parte alguma; à medida que o estilo se absorve em escritura, o sistema se desfaz em sistemática, o romance em romanesco, a meditação em fantasmática: Sade já não é um erótico, Fourier já não é um utopista, Loyola já não é um santo, em cada um deles não resta mais que um cenógrafo, que se dispersa através dos bastidores que planta e escalona até o infinito (*SFL*, p. 11).

Podemos ver aí, de modo claro, a virada sofrida pelos termos *style* e *écriture* na teoria barthesiana. Em 1963, ele comparava Sade e Bataille nos seguintes termos: "A linguagem erótica de Sade não tem outra conotação senão a de seu século, é uma *écriture*; a de Bataille é conotada pelo próprio ser de Bataille, é um *style*" (*EC*, p. 245). Em português: Sade teria uma *escrita*, Bataille, um *estilo*. Essa afirmação, em que a *écriture* soa como menos do que o *style* (veja-se a forma restritiva), é tributária das propostas de *O grau zero*, livro no qual a escrita era histórica e social, e o estilo, individual; o estilo era aí definido como proveniente dos recônditos mais secretos do autor, "uma espécie de rebento [*poussée*] floral" (*DZ*, p. 15).

Em *Sade, Fourier, Loyola*, *écriture* já é escritura, no sentido da teoria da escritura: aquilo que excede ao social e ao histórico, em virtude da inscrição no texto das pulsões individuais desses autores. De modo que a definição de estilo dada em *O grau zero* – "termo de uma metamorfose *obstinada*, oriunda de uma infralinguagem que se elabora entre a carne e o mundo" (*DZ*, p. 15) - corresponderá melhor, agora, à escritura. Note-se a migração da palavra "*poussée*", que em *O grau zero* se aplicava ao estilo, e em *Sade, Fourier, Loyola* se aplica à escritura. Esse deslocamento se deve ao fato de que, agora e doravante, Barthes considerará a escritura o estilo levado (*poussée*) a seu extremo, numa fusão de pensamento e pulsão inconsciente, e numa linguagem que é, ao mesmo tempo, histórica (um *socioleto*) e individual (um *idioleto*). A comparação das duas citações mostra também que Barthes reconsiderou o juízo que emitira sobre a linguagem de Sade, em 1963.

Em *S/Z* (1970), estabelece outra distinção que auxilia a definição da escritura. Preocupado, então, com a questão da recepção, ele distingue dois tipos de texto: *texto legível* [*légible*] e *texto escriptível* [*scriptible*]. Os textos legíveis são os clássicos, os textos literários do tempo que Foucault chamou de "era da representação". Funcionando no regime dual da representação, esses textos se prestam a uma leitura ela mesma representativa: compreensiva, imaginária (no leitor comum), metalinguística (no leitor especializado, o crítico). Já os textos escriptíveis não podem ser representados; eles suscitam um prosseguimento inventivo, uma outra escritura que será, por sua vez, a prova de que o primeiro texto era escriptível. A leitura dá vida ao escrito. O valor de um texto clássico (sua sobrevida) se encontrará, assim, submetido a uma constante revisão. É escritura o que provoca uma nova escritura.

O prazer do texto (1973) é uma obra capital para a definição da escritura. Nesse livro arriscado (a epígrafe de Hobbes, sobre o medo, atesta a consciência que Barthes tinha desse risco), o individual é assumido contra a "universalidade" (a generalidade) dos modelos estruturalistas, o corpo contra o conceito, o prazer contra a sisudez acadêmica, o diletantismo contra o cientificismo. Barthes aí distingue o *prazer* do *gozo* [*jouissance*], o primeiro ligado aos textos legíveis, o segundo, aos textos escriptíveis. Esse livro, publicado no apogeu da semiologia, desagradou a gregos e troianos, à crítica científica e à crítica ideológica. O semiólogo destruiu sua imagem anterior, assumiu-se como escritor.

A escritura é aí caracterizada como prática erótica, linguagem moldada pelas pulsões do escritor, que deseja seu leitor e o "paquera" [*drague*]. Lugar onde se expõem as "ideias do corpo", onde explode o gozo, para além da situação histórica, econômica ou política do autor: "A escritura é isto: a ciência dos gozos da linguagem, seu kamasutra (dessa ciência, só há um tratado: a própria escritura)" (*PT*, p. 14).

A presença do corpo na escritura, aqui assumida, era uma antiga preocupação de Barthes. Em *O grau zero*, o corpo definiria o estilo: "O estilo é sempre um segredo [...] uma lembrança encerrada no corpo do escritor" (*DZ*, p. 15). Nas obras da década de 1970, o corpo está encarnado na escritura. Mas essa presença do corpo será nuançada, evitando as armadilhas da representatividade e da expressividade, da grosseria narcísica. Na escritura, o corpo se manifesta por via indireta, medida, justa, musical. Ele não está aí diretamente presente, como na fala, nem representado como uma transcrição da fala, mas transposto nos sons, nos ritmos e nas referências sensuais da linguagem.

Para desfazer os equívocos de uma interpretação do "prazer do texto" que o reduza a uma expressão espontânea, simplesmente desreprimida dos desejos individuais do autor – leitura fácil e equivocada das propostas barthesianas –, Barthes publicou, na mesma época, dois artigos em que insistia no *trabalho* da escritura, que nada tem a ver com a espontaneidade expressiva. Em "Jovens pesquisadores" (*BL*, pp. 97-106), ele precisa: "Ao mesmo tempo que contesta o discurso do cientista, a escritura não dispensa, de modo algum, as regras do trabalho científico."

O "prazer do texto" barthesiano se sustenta num saber, e se atinge num trabalho de linguagem que, como todo trabalho artístico, exige rigor. Em "Da ciência à literatura" (*BL*, pp. 13-20), ele diz que o prazer "implica uma experiência muito mais vasta, muito mais significante do que a simples satisfação do 'gosto'". Contrariando os adeptos da criatividade como simples desrecalque, Barthes jamais caiu no logro da espontaneidade: "A 'espontaneidade' de que nos falam geralmente é o cúmulo da convenção: ela é aquela linguagem reificada que encontramos pronta dentro de nós, à nossa disposição imediata [...] Ignorar a linguagem é um excelente meio de vê-la voltar em suas formas mais gastas" (*SE*, p. 30). Essa era também a convicção de Nietzsche, para quem no "fundo de nosso coração" estão não as intuições mais originais, mas "as ideias de nossos avós e bisavós".

A partir de *O prazer do texto*, que é a obra encruzilhada de onde sai o Barthes pós-estruturalista, a escritura será definida de modo mais incisivo: linguagem intransitiva, lugar da polissemia, do intertexto e da significância (referência: Julia Kristeva); campo da libido, oposta à lei castradora dos discursos de saber e poder (referências: Lacan e Foucault); prática revolucionária que liquida a velha literatura, utopia de uma nova ordem de linguagem(ns) correlata a uma nova ordem social (referência: Sollers e grupo Tel Quel). A escritura será concebida como transgressora e marginal, mas não como simples oposição ao sistema dominante, que assimila facilmente a marginalidade. Utópica e não institucional, a escritura subverte o sistema de seu interior. Seu tempo é um presente voltado para o futuro, que ela anuncia e chama, ao forçar

os limites discursivos contemporâneos a ela. Seu sujeito não é mais o antigo sujeito essencial ou consistente dos discursos representativos, racionais e psicológicos, mas um efeito do próprio texto, que o produz em instâncias provisórias, em processo (referências: Lacan e Kristeva).
No mesmo ano de *O prazer do texto* (1973), Barthes participou de um debate com Maurice Nadeau, na rádio *France culture*[4]. Naquele momento, ele rejeitava a palavra "literatura": "Só aceito a palavra sob benefício de inventário, eu preferiria falar de *escritura*, ou então, de *textos*" (p. 9). Entretanto, essa demarcação histórica, que consiste em localizar a literatura no passado e a escritura em nosso tempo, aparece como problemática no próprio discurso de Barthes:

> Para mim a literatura – falo sempre, evidentemente, de uma literatura de algum modo exemplar, exemplarmente subversiva, e é por isso que prefiro chamá-la de *escritura* – é sempre uma perversão, isto é, uma prática que visa a abalar o sujeito, a dissolvê-lo, a dispersá-lo sobre a página. Durante muito tempo, porque a ideologia da época era uma ideologia da representação, da figuração, isso ocorria nas obras clássicas de modo embuçado; mas, na realidade, já havia naquele momento escritura, isto é, perversão (p. 17).

Uma afirmação posterior, no mesmo debate, entrará em contradição com a precedente:

> A partir do momento em que há prática da escritura, estamos em algo que não é mais exatamente a literatura, no sentido burguês da palavra. Chamo isso de *texto*, isto é, uma prática que implica a subversão dos gêneros (p. 38).

Ainda embaralhando as coisas, Barthes afirma que "o texto é um espaço sedutor" (p. 48). Ora, o aliciamento brando do leitor fora reconhecido, por ele, como típico do escritor clássico (texto de prazer); o texto de escritura, o texto radical da alta modernidade, não seduz: abala, perturba, transtorna, rapta violentamente o leitor (texto de gozo). Em contraste com as posições mais conservadoras de Nadeau, Barthes assume, nesse debate, uma atitude quase insolente que não era de seu feitio.

De fato, o texto radical a que ele reserva, com exclusividade, o nome de escritura, parece-lhe existir, exemplarmente, na obra de Sollers. Em *Sollers escritor* (1979), Barthes faz a defesa de uma escrita experimental que ele mesmo não pratica. Fascinado pela personalidade

---

4. Publicado posteriormente: *Sur la littérature*. Grenoble: PUG, 1980.

forte e pelas ousadias escriturais de Sollers, Barthes faz, no livro dedicado ao amigo, afirmações extremas, como: "a linguagem inimiga da escritura é a literatura" (p. 28); ou "a literatura é o nome da antiga escritura" (p. 50)[5]. Entretanto, o livro sobre Sollers permite a Barthes novas definições da escritura: "A escritura [...] é a tensão do corpo que tenta produzir uma linguagem *insituável*, é o sonho do *grau zero* do discurso" (*SE*, p. 65). Ele indica "algo que é muito importante na teoria da escritura: *a passagem de objetos sensuais no discurso* [...] algumas metonímias (do significado ao significante), algumas lembranças (tácteis, voluptuosas, saborosas)" (p. 66)[6]. E finalmente, um adendo a seu ensaio mais antigo, "Escritores e escreventes": "Um meio seguro permite distinguir a *escrevência* da *escritura*: a escrevência se presta ao resumo, a escritura não" (p. 68).

A aula inaugural do Collège de France (1977) marca a passagem de Barthes para uma nova e última fase, na qual ele se refere cada vez menos à *escritura*, e volta a utilizar, com total devoção, a palavra *literatura*.

O assunto central da aula é a luta contra os poderes que residem na linguagem (homenagem a Michel Foucault, que o introduziu no Collège de France), e também o lugar onde, em certas condições, é possível combater a lei que impera na linguagem corrente. E, quando se trata de definir a prática subversiva do escritor, é a velha palavra *literatura* que reaparece, como objeto de desejo daquela *vita nova* que ele pretende assumir: "Essa trapaça salutar, essa esquiva, esse logro magnífico que permite ouvir a língua fora do poder, no esplendor de uma revolução permanente da linguagem, eu a chamo, quanto a mim: *literatura*" (*L*, p. 16).

Trata-se de uma volta de Barthes a uma posição perfeitamente clássica, tradicional? De modo algum. Como ele gostava de dizer, tudo retorna, mas em outra volta da espiral. Basta ler a continuação – sua definição de *literatura* – para ver que essa palavra recobre agora a noção de escritura, com tudo o que ela trouxe de novo:

> Entendo por *literatura* não um corpo ou uma sequência de obras, nem mesmo um setor do comércio ou do ensino, mas o grafo complexo das pegadas de uma prática: a prática de escrever. Nela viso, portanto, essencialmente o texto, isto é, o tecido dos significantes que constitui a obra, porque o texto é o próprio aflorar da língua, e porque é no interior da língua que a língua deve ser combatida, desviada: não

---

5. Afirmações que não condizem com as da *Aula*, na qual ele usará *escritura* e *literatura* como sinônimos. *Sollers escritor* foi publicado depois da *Aula*, mas foi escrito anteriormente.
6. Mas o exemplo que ele dá, em seguida, é um texto do antigo e literário Chateaubriand.

pela mensagem de que ela é o instrumento, mas pelo jogo de palavras de que ela é o teatro. Posso portanto dizer, indiferentemente: literatura, escritura ou texto (*L*, pp. 16-7).

Quer ele a chame de *literatura*, *escritura* ou *texto*, é essa "prática de escrever" que Barthes perseguiu a vida inteira. Apesar dos deslocamentos da noção de escritura, os traços fundamentais dessa prática se mantiveram sempre. Se, por um lado, essa prática é a de todos os escritores da modernidade, por outro, as (re)definições de Barthes têm peculiaridades.

Em *O grau zero da escrita* (década de 1950), a definição de escritura tinha uma fundamentação sociológica e um vínculo com a ética do existencialismo. Embora já atento, naquela época, ao compromisso da escritura com a linguagem, Barthes estava mais preocupado com sua responsabilidade social e histórica. *O grau zero* é uma resposta enviesada ao famoso texto de Sartre, "O que é a literatura?" [*Qu'est-ce que la littérature?*, 1948). Mesmo que a réplica de Barthes seja, em muitos pontos, uma contestação das posições sartrianas, seu livro é dependente da pergunta que o suscitou. Nele a escrita literária, como a literatura para Sartre, é uma escolha e um engajamento. Entretanto, por não abraçar totalmente as teses de Sartre, ele coloca sua escrita como um paradoxo e uma utopia:

> Como a arte moderna em sua totalidade, a escrita literária porta, ao mesmo tempo, a alienação da História e o sonho da História: como Necessidade, ela atesta o dilaceramento das linguagens, inseparável do dilaceramento das classes; como Liberdade, ela é a consciência desse dilaceramento, e o próprio esforço por ultrapassá-lo. [...] A multiplicação das escritas institui uma Literatura nova, na medida em que esta só inventa sua linguagem para ser um projeto: a Literatura se torna Utopia da linguagem (*DZ*, pp. 64-5).

No período estruturalista e semiológico (década de 1960), Barthes enfatizava a autorreflexividade da escritura. Era a teoria das "funções da linguagem", de Roman Jákobson, que se fazia ouvir nas entrelinhas. Quando, na década de 1970, Barthes percebe que a "ciência dos signos" se instalara num imaginário triunfante de saber universal, para o qual o objeto particular era indiferente, ele se desloca. Desconstrói os modelos da análise estrutural da narrativa em *S/Z*, e reivindica o gozo da linguagem em *O prazer do texto*. A psicanálise lacaniana e os aforismos de Nietzsche são então suas principais fontes de inspiração teórica.

DESLOCAMENTOS DA NOÇÃO DE ESCRITURA 87

Sua maior aproximação, naquele momento, com o grupo Tel Quel, levou-o a uma radicalização da teoria da escritura. Apoiado num aparato teórico impressionante, o grupo Tel Quel tentava, então, a acrobática fusão da linguística e da psicanálise com o marxismo maoista. Tomado de afeição e admiração por Sollers e Julia Kristeva, Barthes torna-se, então, aliado dos achados teóricos do grupo e arca, ao mesmo tempo, com suas indissolúveis contradições, expressas no "Programa"[7]. Sobrepunham-se ali duas visadas contraditórias da história literária: uma visada sincrônica, ideogramática, "monumental", e uma concepção diacrônica, progressista-revolucionária, que situava o surgimento da escritura em determinado momento da história, em que teria ocorrido uma ruptura com a velha literatura (no fim do século XIX).

No final dos anos 1970, embora permanecendo fiel aos amigos de Tel Quel, Barthes recupera e reafirma sua diferença. Reconhece-se e assume-se como "sujeito crepuscular", incentivador das vanguardas mas amante incorrigível e nostálgico da velha literatura. Por outro lado, sua alergia visceral ao discurso arrogante leva-o a desinvestir, progressiva e quase imperceptivelmente, a palavra *escritura*. Segundo a lei de toda linguagem, apontada tantas vezes por ele, até mesmo essa palavra mágica se desgastara pela repetição; as revistas literárias e as teses universitárias já a usavam abundantemente. E os textos que lhe enviavam, sobre a rubrica da escritura, o aborreciam. Ele preferia as leituras de prazer – Chateaubriand, Proust, e lamentava que o grande romance não fosse mais possível[8].

O último livro publicado por Barthes, *A câmara clara* (1979), tem por objeto a fotografia. Na verdade, a fotografia é aí pretexto de escritura. O livro é a *scription*[9] de seu luto pela mãe, cuja fotografia, ausente do livro, é o centro doloroso deste. Vale a pena reler seu final:

> Louca ou comportada? A fotografia pode ser uma coisa e outra: comportada, se seu realismo permanece relativo, temperado por hábitos estéticos ou empíricos [...]; louca, se esse realismo é absoluto e, por assim dizer, original, fazendo voltar à consciência amorosa ou assustada a própria letra do Tempo; movimento propriamente revulsivo, que revira o curso da coisa, e que chamarei, para terminar, o *êxtase* da fotogra-

---

7. Ver Philippe Sollers, *Logiques*. Paris: Seuil, 1968, pp. 9-14.
8. Seu último curso no Collège de France, *A preparação do romance*, seria uma declaração de amor "dilacerante" (a palavra é dele) pela literatura, no momento em que, a seu ver, ela estava morrendo. [Nota acrescentada em 2009.]
9. Neologismo proposto e definido por Barthes em "De la parole à l'écriture", in *La Quinzaine Littéraire*, Paris, 1º a 15/3/1974.

fia. Tais são as duas vias da Fotografia. Entre elas, devo escolher: submeter seu espetáculo ao código civilizado das ilusões perfeitas ou enfrentar, nela, o despertar da realidade intratável (*CC*, pp. 183-4).

As duas vias da fotografia se assemelham às duas vias da linguagem literária, entre as quais ele sempre oscilou, ora na euforia do paradoxo, ora na vivência inquieta da dualidade insolúvel: a *via da literatura* (representação, sujeito determinado, consciente e socializado) e a *via da escritura* (significância, sujeito disseminado, imaginário e associal). Literatura do passado e texto de vanguarda moderna, legível e escriptível, prazer e gozo. Entre essas duas vias, Barthes construiu sua obra literária, perseguindo sempre a utopia da escritura.

DISCURSO AMOROSO E DISCURSO DE PODER*

"Em cada signo, dorme este monstro: um estereótipo" – dizia Barthes, em janeiro deste ano, em sua aula inaugural do Collège de France. Toda a obra de Barthes, em sua multiplicidade, em sua infidelidade a posições anteriormente ocupadas (mas nunca investidas), persegue obstinadamente este objetivo: a caça ao estereótipo. As *Mitologias* eram o desnudamento ideológico dos mitos da sociedade francesa contemporânea; *Sistema da moda*, a desmontagem implacável dos clichês das revistas femininas; *Crítica e verdade*, assim como muitos dos *Ensaios críticos*, o desmascaramento dos pressupostos da crítica literária tradicional; *S/Z*, o torpedeamento da sistemática estruturalista, que já se imobilizara num vocabulário autenticado pela "cientificidade"; *Roland Barthes por Roland Barthes*, a destruição do mito da autobiografia e da autoanálise.

Por que esse afinco em perseguir todo estereótipo, todo lugar-comum, toda palavra de ordem, toda expressão do bom-senso e da boa consciência? O trabalho de Barthes, como o de todo escritor, se trava na linguagem. Para ele, transformar o mundo é transformar a linguagem, combater suas escleroses e resistir a seus acomodamentos. Combater os estereótipos é uma tarefa fundamental, porque neles, sob o manto da naturalidade, veicula-se a ideologia dominante e perpetua-se a inconsciência das relações entre os seres falantes e suas reais condições de vida.

A grande inimiga, para Barthes, é a Doxa ou opinião pública, "o Espírito majoritário, o Consenso pequeno-burguês, a Voz do Natural, a Violência do Preconceito" (*RB*, p. 51). A Doxa "difunde" e "gruda"; "é uma dominância legal, natural; é uma geleia geral espalhada com as bênçãos do Poder; é um Discurso Universal, um modo de jactância que está de tocaia no simples fato de tecer um discurso (sobre qualquer coisa)" (*RB*, p. 157).

Como explicar, então, que o grande inimigo dos estereótipos se dedique agora ao discurso amoroso[1], não para analisar e desmistificar,

---

* Artigo publicado no *Suplemento cultural* de *O Estado de S. Paulo*, 30/10/1977.
1. *Fragments d'un discours amoureux*. Paris: Seuil, 1977.

mas para *cultivá-lo*? O discurso amoroso não é o mais estereotipado dos discursos, o reino dos clichês literários, o tautológico por excelência? "O que é mais tolo do que um apaixonado?" (*FDA*, p. 209). Acontece que o estereótipo amoroso é inatual, superado, escapando assim à Doxa de nosso momento histórico. Caindo fora da moda, o apaixonado é anacrônico e obsceno (fora de cena). Como divindade moderna, a História é repressiva, ela nos proíbe de sermos inatuais. Do passado, só suportamos a ruína, o monumento, o *kitsch* ou o retrô (que são divertidos); reduzimos esse passado à sua simples assinatura.

O sentimento amoroso está fora de moda, e esse fora de moda não pode ser recuperado nem mesmo como espetáculo: "O amor cai fora do tempo *interessante*; nenhum sentido histórico, polêmico, pode ser-lhe dado; é nisso que ele é obsceno" (*FDA*, p. 210). Hoje em dia, é natural contar experiências sexuais; quem o faz é até mesmo bem-visto, como pessoa "liberada". Mas aquele que se puser a falar de um sentimento amoroso, confessar uma paixão e descrever todas as suas torturas (incertezas, ciúmes, desesperos, esperanças), encontrará logo um ouvinte espantado, irônico ou encabulado. O apaixonado é visto imediatamente como um louco mais ou menos manso, a quem o confidente popular aconselhará um bom macumbeiro e o confidente de certo "status" dará o endereço de um bom psicanalista. É precisamente a esse confidente burguês esclarecido que Barthes se dirige: aquele que considera a paixão um desajuste necessitado de tratamento, ou a atribui à falta de ocupações mais sérias, como jogar na Bolsa ou militar num partido político. Sendo assim *des-loucado*, o discurso amoroso se torna, para Barthes, uma forma de linguagem interessante e até mesmo subversiva. Vejamos por quê.

A grande investida barthesiana se faz, atualmente, contra os discursos de poder (no plural). Boa parte de sua discussão na aula inaugural gira em torno dessa questão: "Chamo discurso de poder todo discurso que cria a noção de erro e, portanto, o sentimento de culpa daquele que o recebe" (*L*, p. 11). Essa definição, bastante larga, amplia consideravelmente o campo do discurso de poder. Para certa boa consciência intelectual e política, o discurso de poder – é óbvio! – emanaria apenas do poder constituído, governante, da moral oficial, dos códigos penais e dos mandamentos religiosos. Ora, isso é precisamente um estereótipo de intelectual politizado e deve ser desmistificado:

> O poder está presente nos mecanismos mais finos das relações sociais: não só no Estado, nas classes, nos grupos, mas também nas modas, nas opiniões correntes, nos espetáculos, nos jogos, nos esportes,

nas informações, nas relações familiares e privadas, e até mesmo nas investidas libertadoras que tentam contestá-lo (*L*, p. 11).

Já há algum tempo, Barthes se afligia, ousando perguntar: "Que fazer se a Doxa passar para a esquerda?" Ora, um problema individual como a paixão amorosa pertence precisamente ao tipo que uma Doxa de esquerda não pode suportar. (Num filme de alguns anos atrás – *Ciúme à italiana*, de Ettore Scola –, a personagem vivida por Marcello Mastroianni é levada literalmente à loucura por não encontrar resposta ao dilema: "Como encaixar meu problema pessoal de *cornuto* na questão da luta de classes?" O olhar que lhe lança o secretário de sua célula comunista, quando ele lhe faz essa pergunta, em plena passeata contra a visita de um presidente norte-americano, exprime toda a inconveniência histórica desse tipo de formulação.)

Que as preocupações de Barthes com os discursos de poder e o discurso amoroso sejam simultâneas e complementares é algo que se pode facilmente entender. O discurso amoroso, assim como o discurso poético, parece-lhe ser o antídoto contra o discurso de poder. Enquanto neste fala uma voz "autorizada", no discurso amoroso fala um enunciador tão desautorizado que é visto, pela opinião corrente e bem-pensante, como louco ou simplesmente ridículo. Enquanto a voz do poderoso é segura e autossuficiente, a voz do apaixonado é desfalecente e balbuciante; enquanto a voz do poder é dirigida e dirigente, a voz do amor é desgarrada e errante.

Se interligarmos diferentes textos de Barthes nos últimos anos, veremos claramente o significado dessa "tática sem estratégia" que agora o leva a dedicar-se ao discurso amoroso. Numa entrevista à revista *Nouvel Observateur*[2], ele dizia: "Em meu caso, seria demagógico falar de revolução, mas de bom grado eu falaria de subversão. É uma palavra mais clara, para mim, do que a palavra revolução. Ela significa: vir por baixo para trapacear com as coisas, desviá-las, levá-las alhures, para lugares onde elas não são esperadas."

O discurso revolucionário visa o poder. Para ser eficaz, tem de basear-se numa sistemática. É uma palavra de ordem (ordena uma nova ordem). Ora, *an-arquista* como ele se declara na aula inaugural (separando bem o radical do prefixo), Barthes desconfia do discurso frontalmente contestatário pelo caráter opressivo que ele pode assumir. Analisando o discurso contestatário de maio de 1968, ele diz o seguinte:

---

2. Entrevista concedida a Bernard-Henri Lévy em 10/1/1977.

> À medida que os aparelhos de contestação se multiplicavam, o próprio poder, como categoria discursiva, se dividia, estendia-se como água que corre por toda parte, cada grupo oponente tornando-se, por sua vez e à sua maneira, um grupo de pressão e entoando em seu próprio nome o próprio discurso do poder, o discurso universal: uma espécie de excitação moral tomou conta dos corpos políticos e, mesmo quando se reivindicava o prazer, era num tom cominatório. Vimos, assim, a maior parte das liberações postuladas, a da sociedade, da cultura, da arte, da sexualidade, enunciarem-se sob as espécies de um discurso de poder: glorificavam-se de fazer aparecer o que fora esmagado, sem ver o que, assim, esmagavam alhures (*L*, pp. 33-4).

Um dos discursos esmagados por outros discursos (político, sexual) seria, justamente, o discurso amoroso. O discurso amoroso não tem uma estratégia, não visa uma posição final e, por isso, não oprime nenhum outro. Poder-se-ia objetar que, na relação amorosa, há uma dialética de senhor e escravo e que, portanto, o discurso amoroso também é um discurso de poder. Mas essa objeção não é pertinente dentro da concepção barthesiana do discurso amoroso. Colocando o discurso amoroso no campo do imaginário de Lacan, Barthes tem como pressuposto que ele emana de um desejo sem objeto, fadado a encontrar, no termo de sua busca, a falta originária (a *béance*). Por isso o sentimento amoroso e seu discurso, segundo Barthes, não é dialético, mas voltado sobre si mesmo, como o discurso poético.

O discurso amoroso não caminha para um objetivo totalizante, suas "figuras" passam sem se arrumarem numa ordem; são *tópoi*, não no sentido de estereótipos, mas no sentido de lugares vazios que podem ser ocupados revezadamente, num movimento circular. Daí a forma fragmentária deste livro, e a ordem arbitrária de suas figuras.

É como marginal ao discurso de poder, como outro, que o discurso amoroso pode ser taticamente oposto àquele. O apaixonado que confessa sua covardia denega a moral vigente (p. 17); o amor faz do sujeito um "dejeto social" (p. 23); o sentido do sentimento amoroso "é uma finalidade inagarrável, ele é apenas o sentido de minha força" (p. 31), e por isso consegue revirar o finalismo da vida cotidiana.

De uns tempos para cá, "amoroso" tomou-se, para Barthes, uma qualificação extremamente positiva, adequada à sua concepção da subversão e à sua utopia de uma sociedade em que haja "tantas linguagens quantos desejos". Na entrevista acima citada, ele afirma que "sempre houve em mim a primazia do estado amoroso". A palavra "amoroso(a)" volta, para qualificar numerosas práticas pessoais: a viagem, a escrita, o ensino. Optando por um discurso de tipo amoroso (como escritor, como teórico, como professor), Barthes combate *calmamente* o discurso da Certeza, da Arrogância, do Triunfo. Se percorrermos toda a sua obra, veremos que, mesmo nas fases mais polêmicas, seu tom é sempre tranquilo, sua enunciação nunca é histérica nem mesmo excitada, embora sempre levemente irônica. E é nisso que consiste a força de sua palavra. Dizer algo extremamente discutível como "a língua é fascista", num tom absolutamente suave (que se sente por escrito exatamente como ele o pronunciou na aula inaugural), cria uma dificuldade intransponível para uma resposta exaltada que poderia vir (e veio, errando o alvo) de um discurso de poder de tipo institucional ou militante.

Mas chegamos assim a uma questão paradoxal: a ironia não é uma forma discursiva de poder? Por outras palavras, o discurso de um mestre da linguagem pode ser um discurso desprotegido, inocente, isento de poder? Em *Fragmentos de um discurso amoroso* afirma-se, logo no início, que "é um apaixonado quem fala". Ora, o discurso do apaixonado, como o livro todo demonstra, é um discurso em que o enunciador está tão implicado que não consegue descolar do enunciado, cultivando as tautologias do "eu-te-amo" e do "é adorável o que é adorável". No entanto, o enunciador deste livro está levemente distanciado de seu enunciado, quer por sua informação psicanalítica (que lhe permite reconhecer seu imaginário), quer por uma ligeira ironia que lhe permite colocar a si mesmo, numerosas vezes, como teatral e até mesmo como humorístico. O recurso à psicanálise, embora nuançado por mil sutilezas estilísticas, não deixa de ser o acesso a um discurso especializado que impede, ao enunciador, um discurso totalmente imaginário, um puro delírio amoroso.

Por outro lado, somente um enunciador já distanciado do sentimento amoroso pode analisar seu próprio comportamento e encontrar comparações tão cômicas como a que ele acha para definir o "Arrebatamento":

> Nesse momento em que a imagem do outro vem, pela primeira vez, me arrebatar, não sou mais do que a Galinha maravilhosa do jesuíta Athanase Kircher (1646): com as patas amarradas, ela dormia fixando os olhos na risca de giz que, como um atilho, passava perto de seu bico; podia-se desamarrá-la e ela ficava imóvel, fascinada, "submissa a seu vencedor", diz o jesuíta; entretanto, para despertá-la de seu encantamento, para romper a violência de seu Imaginário (*vehemens animalis imaginatio*), bastava dar-lhe um tapinha na asa; ela se sacudia e recomeçava a ciscar (*FDA*, p. 224).

Esse "tapinha na asa" é gesto do próprio Barthes, como analista dos signos e desmistificador de enganos, por mais belos que eles sejam.

O pseudodiscurso amoroso se transforma, nesses momentos, em metalinguagem autodesmistificadora, reintegrando assim aquela constante que percorre toda a obra barthesiana. Entretanto, mesmo que o poder do analista irônico seja inevitável, resta a *qualidade* do discurso produzido, que não é nem pesado de saber nem esmagador de sarcasmo, mas simpatizante dos logros inocentes em que se debate o apaixonado. E resta, também, a eficácia da tática barthesiana, quando se trata de enfrentar outros discursos menos simpáticos. Seu tapinha na asa do discurso contribui mais para a demolição das linguagens velhas e esclerosadas do que o murro no queixo característico dos discursos autorizados e autoritários.

O SEMIÓLOGO APAIXONADO*

Em 1977 – ano da publicação dos *Fragmentos de um discurso amoroso* – Barthes já era internacionalmente conhecido como crítico literário e semiólogo. Suas obras já eram muito apreciadas pelo público especializado (universitário). Ora, eis que o semiólogo resolve falar de amor, ou mais precisamente: *resolve falar como uma pessoa apaixonada.* Surpresa nos meios intelectuais: que coisa tão pouco séria, ridícula mesmo! Seria uma provocação ou um atestado de debilidade? Surpresa nos meios editoriais: o livro ultrapassa 100 mil exemplares vendidos em poucos meses. Mudou o público ou mudou Barthes?

Efetivamente, com os *Fragmentos* Barthes mudou de público, extrapolando o âmbito das salas de aula e dos gabinetes acadêmicos, sem que sua escritura tenha mudado. Seu livro de amor é uma obra tão estruturada, tão culta e tão difícil quanto suas obras anteriores, sobre a literatura, a moda, a publicidade. O que mudou, nesse livro, foi a relação do escritor com o leitor e, em consequência, a reação do leitor ao escritor.

Vale a pena lembrar como surgiu o livro. Em seu curso de semiologia na École Pratique des Hautes Études, Barthes analisava vários tipos de discurso, entre os quais incluíra o "discurso do apaixonado". Para estudar esse discurso, escolhera o romance *Werther*, de Goethe (1774), história de amor romântico tão exemplar que o público chegou ao extremo de o imitar na vida real. Houve uma onda de suicídios na Europa, suscitada pelo suicídio do herói de Goethe no romance.

Tudo poderia ter ficado entre os muros da universidade, com a produção de mais um ensaio erudito sobre o tema do amor romântico e sua expressão verbal. Entretanto, Barthes logo notou, em seus seminários, que as falas apaixonadas de Werther e de outras personagens de

---

* Versão parcial e revista do texto escrito para o programa da peça *Fragmentos de um discurso amoroso*, que estreou no Teatro de Cultura Artística de São Paulo no dia 9 de março de 1988. Adaptação teatral de Teresa de Almeida, direção de Ulysses Cruz, com Antonio Fagundes, Mara Carvalho, Marcos Winter, Luiz Furlanetto e Jarbas Toledo. Música de André Abujamra. Pelo fato de se ligar ao capítulo precedente, esta apresentação figura aqui fora da ordem cronológica do volume.

ficção provocavam uma reação que não era só interesse intelectual. Havia uma projeção individual dos alunos, um investimento existencial nos textos estudados, uma tendência a reagir afetivamente. E não só dos alunos. O próprio Barthes reconheceu que ele também projetava, fantasmava, envolvendo-se afetivamente com esses textos.

Formou-se assim o projeto do livro. Barthes decidiu abandonar a metalinguagem (linguagem que fala sobre outra linguagem) e assumir, numa espécie de semificção, o próprio discurso do apaixonado. Um discurso na primeira pessoa: Eu. E uma dedicatória aos outros: "Aos Leitores – aos Apaixonados – Reunidos." Um apelo explícito à projeção, que logo foi ouvido por milhares de anônimos apaixonados.

O livro de Barthes não é um tratado sobre o amor, é um livro que dá a palavra a um sujeito enamorado – fictício, composto da experiência de vários, mas corporificado pelo artifício da primeira pessoa. A Barthes não interessava um tratado sobre o amor, que é sempre uma fala a frio sobre o que sentem "os outros". O próprio sujeito enamorado não sabe o que é o amor, nem está em condições de analisar objetivamente seus sentimentos; sentir já o ocupa em demasia. Ele fala, fala muito, e nunca sabe o que diz. Talvez o amor seja exatamente essa fala obsessiva e desordenada, esse longo monólogo imaginário, que ocorre tanto na cabeça do apaixonado como em seus supostos diálogos com o ser amado. Uma longa e solitária tagarelice.

Por que, nessa altura do século XX, dar voz e ouvidos ao sujeito enamorado? No prólogo do livro, Barthes diz que ele era necessário porque o discurso amoroso, em nosso tempo, é de uma extrema solidão. Ignorado ou depreciado pelos discursos "sérios" (de saber, de poder), o discurso do apaixonado é inoportuno, inatual, fora de moda, cafona como letra de bolero. Numa entrevista[1], Barthes observava que, em nossa época, o apaixonado não tem nem mesmo direito a sinais exteriores, como já teve em outros tempos, no século XVIII, por exemplo. Hoje, não podemos reconhecer um apaixonado na rua.

Apesar disso, milhares da apaixonados continuam sofrendo por sua condição, e dizendo-o para eles mesmos, numa louca afirmação daquilo que não tem mais lugar. Nesse sentido, o apaixonado é um marginal. Mas sua marginalidade é a mais solitária, porque ele não pertence a nenhum movimento organizado, reconhecido como marginal. Por sua afirmação *apesar de tudo*, o apaixonado é um subversivo. Mas sua subversão se exerce sem reivindicação e sem glória. O apaixonado

---

1. Entrevista concedida a Philippe Roger, *Playboy*, set. 1977. As citações seguintes também provêm dessa entrevista.

é um militante discreto, que exerce solitariamente seu direito ao imaginário. "O sofrimento é por ele assumido como um valor. Mas não no sentido cristão; ao contrário, como um sofrimento isento de qualquer culpa." A luta do apaixonado não é acolhida e nem mesmo reconhecida pelas militâncias políticas ou sexuais. O marxismo não reserva nenhum lugar para um problema tão individual, e a psicanálise tende a reduzir esse problema a uma questão sexual, tratando-o como imaginário, como neurose. E a comunicação de massa? Não estão aí os filmes e as novelas de televisão, apresentando mil histórias de amor? Sim; mas, justamente, Barthes observa que o próprio apaixonado não vive seu amor como uma "história", com começo, meio e fim. É a sociedade que disciplina o amor, apresentando-o na forma lógica de uma história que acaba na normalidade do casamento ou na fatalidade da separação, na neutralização da cura ("isso passa, é só uma questão de tempo...") ou na liquidação do incômodo sujeito, que enlouquece e/ou se mata, se não se normaliza.

A semiologia não seria um meio de disciplinar o discurso amoroso, transformando-o em objeto de estudo? Sim. Por isso o texto de Barthes não é uma análise dos signos do amor, mas a mimetização do discurso amoroso. O semiólogo, aí, é o apaixonado. Um semiólogo selvagem. Afinal, quem é mais atento aos signos do que um apaixonado? Ele não está o tempo todo captando e interpretando os sinais do ser amado, como se cada palavra ou gesto deste significasse algo importantíssimo? Só que, de tanto ver e interpretar, o apaixonado se torna cego. "Porque ele não sabe onde nem como deter os signos. Ele vive num circo perpétuo, que nada vem acalmar."

Se nenhuma ciência socorre o apaixonado, entretanto, quando este é escritor, a escritura pode pacificá-lo, sem destruir seu imaginário, porque a literatura não é explicação nem normalização, mas transfiguração, sublimação. Barthes estava apaixonado quando escreveu esse livro; e este foi, para ele, "um modo de não se perder, de não afundar no desespero". O artista é um apaixonado capaz de deslocar seu desejo para outro plano, e de escapar assim ao circo infernal na monomania, do monologismo.

Assumindo o discurso do apaixonado, Barthes reivindica um valor e sugere uma moral. "Uma moral de afirmação. Não devemos nos impressionar com as depreciações de que o sentimento amoroso é objeto. É preciso afirmar, é preciso ousar. Ousar amar..."

A primeira frase de *Fragmentos de um discurso amoroso* é a seguinte: "É pois um apaixonado que fala e que diz." E o que ele diz são oitenta fragmentos de discurso, dispostos em ordem alfabética a partir dos títulos: "Abismar-se", "Adorável", "Ausência"...

São fragmentos porque o discurso do apaixonado não é contínuo nem consequente; é uma série infinita de pequenos monólogos truncados, que têm um tema obsessivo (o objeto amado), mas não levam a nenhuma conclusão. Esses minidiscursos são uma tormenta e um tormento. O apaixonado não para de confabular consigo mesmo sobre sua paixão, uma espécie de fita magnética corre sem cessar em sua cabeça; as falas dessa "gravação" não têm nenhuma ordem, são "como um voo de pernilongos", diz Barthes, incômodos e insistentes.

Daí a escolha da ordem alfabética no livro: uma ordem artificial e não significativa. Não há nenhuma precedência temporal ou hierarquia de valores nesses fragmentos. A "Espera" pode vir depois do "Encontro", as "Nuvens" são tão importantes quanto o "Suicídio". A ordem alfabética impede o texto de formar uma "história de amor", que seria a normalização social do sentimento.

Como, no amor, tudo é imaginário, as falas do apaixonado dependem do acaso e da repercussão afetiva de cada acontecimento, grande ou pequeno, na psique do apaixonado. E é aí que entram Freud e Lacan, explicando e tratando o seu caso. Como o sujeito que fala no texto de Barthes é um sujeito moderno, é com a psicanálise que ele tenta se entender. Mas, no fundo, ele não acredita nela, nem quer sair de seu imaginário, isto é, se curar. Ele resiste, diriam os psicanalistas.

Esses fragmentos de discurso são chamados, por Barthes, de "figuras", no sentido coreográfico do termo: poses assumidas ou gestos esboçados pelo sujeito nos diferentes momentos de sua experiência. O apaixonado, diz Barthes, se lança numa espécie de esporte maluco, que exige a resistência de um atleta. Ora discursa como um orador inflamado, ora se imobiliza numa pose, como uma estátua.

Cada fragmento ou "figura" é precedido de um "argumento", resumo do tema do fragmento que, segundo Barthes, funciona como um cartaz numa peça de Brecht. Por essas referências coreográficas e dramáticas, chegamos ao teatro, à adaptação realizada por Teresa de Almeida e à presente montagem teatral dos *Fragmentos*. A adaptação de Teresa surgiu num curso de pós-graduação sobre Barthes que dei na USP em 1983. Com sua experiência de atriz, Teresa viu imediatamente o aspecto teatral desse texto. Os fragmentos são cenas que o apaixonado representa. O apaixonado é o ator de um teatro mental, em que ele desempenha papéis sucessivos e contraditórios: de vítima, de herói, ou simplesmente de bobo. Suas falas são ora patéticas, ora cômicas, mas sempre inocentes, porque elas não pretendem enganar ninguém. Quem está perdido no engano é ele, ator involuntário e público perplexo de seu próprio teatro.

O texto dos *Fragmentos* está semeado de palavras referentes ao teatro: "cena", "espetáculo", "fala", "cenário", "argumento" etc. Não por acaso. O teatro sempre interessou a Barthes. Quando jovem, atuou num grupo amador e, na década de 1950, fez crítica teatral em jornais.

O texto de Teresa de Almeida é de uma grande fineza, na escolha dos fragmentos e em sua transposição dramática. A criatividade e a competência de Ulysses Cruz, mais a sensibilidade e o talento de Antonio Fagundes, enfim, transformaram a peça no espetáculo a que vocês vão assistir. Os ensaios abertos à participação do público permitiram que mais pessoas entrassem nessa roda.

O trabalho conjunto foi, assim, como o "jogo de passar anel", imagem de que Barthes gostava tanto: passei o anel que ele me deu a Teresa, que o passou a Ulysses, que o passou a Fagundes. O anel que chega ao fim do círculo não é o mesmo; está carregado dos afetos de todas as mãos por que passou. E se, no final, o texto de Barthes não é mais o mesmo, isso é bem o que ele pretendia: os signos não devem imobilizar-se, mas circular em liberdade, segundo os múltiplos desejos. Cabe agora ao público receber essa aliança provisória e ingressar no grande círculo dos Apaixonados Reunidos.

A COZINHA DO SENTIDO*

Nos projetos não realizados por Barthes, figurava uma "*Enciclopédia da alimentação* (dietética, história, economia, geografia e sobretudo *simbólica*)" (*RB*, p. 153). O tema alimentar sempre lhe interessou. Já em *Michelet* (1954), ele se detivera, fascinado, nas referências à nutrição que, a seu ver, aí "ocupa o lugar de todas as causalidades" (*MI*, p. 80). As metáforas alimentares do historiador o encantavam: a mulher morango, a mulher açucarada, amanteigada, cremosa etc. A tal ponto que ele resume a atividade de Michelet numa fórmula: "Michelet *come* a história" (*MI*, p. 77).

Alguns dos "mitos" analisados nas *Mitologias* são alimentos: o vinho, "bebida-totem" dos franceses, oposto ao leite, bebida dos atletas norte-americanos; o bife com batatas fritas, "signo alimentar da *francidade*" (*M*, pp. 74-9). E numa das crônicas, intitulada "Cozinha ornamental", ele analisa os pratos propostos pela revista *Elle*, pertencentes a uma "cozinha de sonho" que ignora os parcos recursos das leitoras no pós-guerra (*M*, p. 128).

Pessoalmente, Barthes gostava de cozinhar. É o que lemos em seu diário de 1977, *Délibération*:

> Não me aborrece cozinhar. Gosto das operações. Tenho prazer em observar as formas cambiantes da comida que se vai fazendo (colorações, espessamentos, contrações, cristalizações, polarizações etc.). Essa observação tem algo de vicioso. Em contrapartida, o que não sei fazer, o que erro, são as doses e os tempos: ponho óleo demais porque tenho medo de que fique queimado; deixo tempo demais no fogo porque tenho medo de que não fique suficientemente cozido. Enfim, tenho medo *porque não sei* (quanto, quanto tempo). Daí a segurança de um código (espécie de redobramento do prazer): prefiro cozinhar arroz a cozinhar batatas, porque sei que são necessários dezessete minutos. Esse número me encanta, na medida em que é preciso (a ponto de ser extravagante): se fosse redondo, ele me pareceria enganoso e, por prudência, eu o aumentaria (*BL*, p. 405).

---

* Inédito. Anotações dos anos 1980, completadas em 2010.

Evidentemente, não é o referente alimentar, pura e simplesmente, que o atrai. Embora guloso, e sempre lutando com uma tendência a engordar, Barthes sabia, melhor do que ninguém, que o referente é o eterno ausente da linguagem. Seu interesse pela culinária se devia, em parte, àquilo que ele chamou de "reflexo estrutural" (*RB*, p. 156): a apreciação da montagem complexa realizada a partir de elementos primários e o prazer da desmontagem na descoberta da receita. Na culinária, são detectáveis o processo e o valor simbólico do resultado. Lembremos que a transformação do cru no cozido, a passagem da natureza à cultura é um dos temas fundadores da antropologia estrutural de Lévi-Strauss.

Na fase semiológica, a culinária era vista como um sistema de signos:

> Uma vestimenta, um automóvel, um prato cozinhado, um gesto, um filme, uma música, uma imagem publicitária, um mobiliário, uma manchete de jornal, eis objetos aparentemente heteróclitos. Que podem eles ter em comum? Pelo menos isto: são todos signos. [...] O semiólogo, como o linguista, deve entrar na "cozinha do sentido" (*OC* II, p. 589[1]).

Na fase que ele chamou de "textual", atenta para um pormenor gustativo do romance de Proust que poderia servir de "instrumento de leitura", que "buscasse a verdade do corpo": o gosto do homossexual Charlus pela "*fraisette*", refresco à base de morango. E passa a uma reflexão teórica sobre as metonímias alimentícias e seu simbolismo: "Bebidas que a gente bebe a vida inteira, sem gostar: o chá, o uísque. Bebidas-hora, bebidas efeitos e não bebidas sabores. Busca de uma bebida total: que fosse rica em metonímias de toda espécie" (*RB*, p. 99).

O que desde o início lhe interessava era a cozinha como representação do real. No caso do alimento, a representação parece-lhe especialmente complexa. Por ser uma espécie de real absoluto, cujo apelo todos os viventes sentem, a comida representada assume uma força particular. A sugestão do representado é mais intensa na medida mesma em que falta o referente. Em *O prazer do texto*, ele reflete sobre a questão:

> Num texto antigo que acabo de ler (um episódio da vida monástica relatado por Stendhal), passam comidas nomeadas: leite, pão com manteiga, queijo com creme Chantilly, geleias de Bar, laranjas de Malta, morangos com açúcar. Será ainda um prazer de pura representação

---

1. O artigo em questão tinha por título "La cuisine du sens", e foi publicado na revista *Le Nouvel Observateur*, 1º-10/12/1964.

(sentido, então, apenas pelo leitor guloso)? Mas eu não gosto de leite, nem aprecio tanto os doces, e me projeto pouco no pormenor dessas comidinhas. Outra coisa acontece, ligada sem dúvida a outro sentido da palavra "representação". Quando, num debate, alguém *representa* algo para seu interlocutor, não faz mais do que alegar *o último estado* da realidade, o intratável que há nela. Do mesmo modo, o romancista, ao citar, ao nomear, ao notificar a comida (ao tratá-la como notável), talvez imponha ao leitor o último estado da matéria, o que nela não pode ser ultrapassado, afastado (*PT*, p. 73).

E conclui que há dois realismos na linguagem: o que representa o *real* (inteligível) e o que aponta a *realidade* (fantasmática): "espanto de que, em 1791, se comesse uma 'salada de laranjas com rum', como em nossos restaurantes de hoje: começo de inteligível histórico e teimosia da coisa (laranja, rum) em *estar ali*" (*PT*, p. 74).

Reconhecemos aí o núcleo da teoria barthesiana da linguagem, que ora se manifesta como trágico (a linguagem perde sempre o real, intratável), ora como eufórico (a linguagem literária teima em tratá-lo). No polo eufórico, a referência alimentar é um caso extremo, espécie de grau zero do sentido, infralinguagem sonhada pelos poetas, "sistema semiológico regressivo" que visa a essência da coisa.

Se examinarmos as várias ocorrências do tema alimentar na obra de Barthes, verificaremos uma coisa curiosa: as avaliações que ele faz da comida (real ou representada) são sempre fundamentadas nos mesmos valores; e estes são análogos aos valores, positivos ou negativos, que ele atribui às linguagens. Se compararmos a descrição que ele faz da comida da revista *Elle* (desvalorizada por ele) com a descrição dos pratos japoneses (altamente valorizados) em *O império dos signos*, veremos a constância dos valores e sua aplicabilidade ao julgamento das linguagens.

Mais do que desmontada, a cozinha de *Elle* é impiedosamente demolida pelo semiólogo. Naqueles pratos pretensiosos, demasiadamente enfeitados, ele acusa uma falsidade ideológica. A categoria dominante dessa cozinha, segundo ele, é o "*nappé*" (a cobertura):

> Fazem-se visíveis esforços para lustrar as superfícies, para arredondá-las, para esconder os alimentos sob o sedimento liso dos molhos, dos cremes, dos *fondants* e das gelatinas [...] é uma cozinha do revestimento e do álibi, que se esforça sempre por atenuar ou mesmo travestir a natureza primeira dos alimentos, a brutalidade das carnes ou o abrupto dos crustáceos (*M*, p. 129).

A ornamentação, diz ele, tem duas funções contraditórias:

> Fugir da natureza graças a uma espécie de barroco delirante (espetar camarões num limão, tornar rosado um frango, servir *grapefruit* quente) e, por outro lado, tentar reconstituí-la por um artifício extravagante (dispor cogumelos cobertos de suspiro e folhas de azevinho sobre um bolo em forma de tronco, recolocar cabeças de lagostins em volta de um molho branco sofisticado que lhes oculta o corpo) (*M*, p. 129).

Arte pequeno-burguesa, *kitsch*. O ornamento supostamente chique pretende lisonjear as leitoras da revista que, segundo pesquisa feita na época, eram pessoas de poucas posses. Enquanto isso, observa ele, as receitas oferecidas pelas revistas da burguesia abastada são mais simples e realistas. Assim como a alimentação dos proletários, observada num fragmento de *Roland Barthes por Roland Barthes*:

> Num vagão-restaurante belga, empregados (alfândega, polícia) sentaram-se à mesa, num canto: comeram com tanto apetite, conforto e cuidado (escolhendo os temperos, os pedaços, os talheres apropriados, preferindo com um golpe de olho certeiro o bife ao velho frango insosso), com maneiras tão bem aplicadas à comida (limpando cuidadosamente o peixe do molho duvidoso, dando tapinhas no iogurte para levantar sua tampa, raspando o queijo em vez de o descascar, usando a faca como um escalpo), que todo o serviço Cook ficou subvertido: eles comeram o mesmo que nós, mas não era o mesmo menu (*RB*, p. 180).

Em *O império dos signos*, Barthes descreve a cozinha japonesa, que é o oposto da cozinha de *Elle*[2]. Nela, valoriza-se a crueza e a visualidade da matéria. O *sukyiaki* é feito sobre a mesa, à vista dos convivas. Os produtos crus são reunidos e trazidos sobre uma bandeja, e assim "é a própria essência da feira que chega a nós, seu frescor, sua naturalidade, sua diversidade e até a classificação, que faz, da simples matéria, a promessa de um acontecimento" (*ES*, p. 29). Na *tempura*, fritura leve, "a farinha reencontra sua essência de flor dissipada, tão levemente desmanchada que forma um leite, não uma pasta"; a fritura "contorna (melhor do que: envolve) o pimentão" (*ES*, p. 34). A sopa japonesa "dá a ideia de uma densidade clara, de uma nutritividade sem gordura, de um

---

2. Não nos interessa discutir se o que Barthes diz da cozinha japonesa ou da oposição Ocidente × Oriente é verdadeiro ou não. Em *O império dos signos*, ele avisa, desde o início, que seu "Japão" é um país imaginário.

elixir reconfortante pela pureza: algo de aquático (mais do que aquoso), de delicadamente marinho, traz um pensamento de fonte, de vitalidade profunda" (*ES*, p. 22).

Segundo Barthes, contrariamente à cozinha ocidental, "a cozinha japonesa desconhece a cobertura (de molho, de creme, de crosta)" (*ES*, p. 36); não é a "mercadoria acabada" (*ES*, p. 38), "o produto reificado, composto, embalsamado, maquiado" (*ES*, p. 20) que vem de nossas cozinhas escondidas. Comparando-se os comentários às duas cozinhas (a de *Elle* e a japonesa), verificam-se de imediato os termos em oposição: a pseudonatureza da primeira, em que os elementos de base são escondidos, e os elementos naturais e crus da segunda; o rebuscado da primeira e a simplicidade refinada da segunda; a primeira toda "aparência", a segunda, "essência".

Todas as palavras negativas estão do lado da cozinha ocidental, e todas as palavras positivas, do lado da cozinha japonesa. As principais oposições são as seguintes: contínuo × fragmentado; prefixado × livre; revestido × transparente; pesado × leve; compacto × aéreo; inchado × delicado; reificado × ativo; embalsamado × vivo. Ora, os valores atribuídos à comida japonesa são os mesmos que Barthes aprecia na linguagem e, inversamente, as características rejeitadas na cozinha de *Elle* (espécie de paroxismo da culinária ocidental) são as que ele não suporta nos discursos.

A *cobertura* é homóloga do disfarce do signo pequeno-burguês ocidental, pouco franco (ver *Mitologias*). Além de ocultar, a cobertura tem o caráter contínuo, estendido da *frase*, artefato do discurso *doxal* do Ocidente. Não é por acaso que, ao louvar o *fragmento* como contradiscurso, Barthes usa a mesma palavra, "*nappé*":

> O fragmento quebra o que chamarei de *nappé*, a dissertação, o discurso que se constrói na ideia de dar um sentido final ao que se diz [...]. Com relação ao *nappé* do discurso construído, o fragmento é um estraga-festa, um descontínuo que instala uma espécie de pulverização de frases, de imagens, de pensamentos, dos quais nenhum "pega" definitivamente (*GV*, p. 198).

"Aquilo que *pega*" é o que se transforma em Doxa, e todos os deslocamentos de Barthes se efetuaram para fugir disso. A metáfora usada por ele para rejeitar o que pega foi, numerosas vezes, a do creme ou da maionese, que ele também não aprecia na culinária. A *consistência*, defeito de nossos bolinhos fritos (*ES*, p. 34), é também uma característica do discurso *doxal*: "A ideologia é o que *consiste*" (*RB*, p. 108).

A COZINHA DO SENTIDO

A *solidez* de nossas comidas, oposta ao arejado e oco da *tempura*, é também uma propriedade do estereótipo: "*Stéreos* quer dizer sólido" (*RB*, p. 63).

O prato feito é homólogo ao discurso que nos é imposto pela Doxa e que consumimos sem participação individual, sem crítica. Pelo contrário, o cardápio japonês permite a escolha dos elementos e da ordem pelo comensal, que compõe livremente sua "linguagem". O paradoxo é saboreado, na cozinha como na linguagem. A comida japonesa o encanta por ser paradoxal: a *tempura* é, ao mesmo tempo, oca e nutritiva, frita e desengordurada; a sopa é transparente e substanciosa; o arroz é coesivo e destacável, conglomerado e granulado.

A *crueza* é, para Barthes, um valor ambíguo. Pouco apreciada no menu ocidental, por ser "um estado forte da comida" (*ES*, p. 31), é também depreciada na linguagem: "grande aversão pela linguagem crua e pela carne crua" (*RB*, p. 67). Entretanto, na comida japonesa, o cru é um valor positivo. Por quê? Porque, na comida ocidental, a crueza é "fantasma do *natural*", enquanto na comida japonesa ela teria uma função puramente táctil e visual (*ES*, pp. 31-2). No Ocidente, diz ele, "a crueza é imediatamente recuperada como signo dela mesma: a linguagem crua é uma linguagem pornográfica (mimando histericamente o gozo do amor), e os alimentos crus são apenas valores mitológicos da refeição civilizada, ou ornamentos estéticos da bandeja japonesa. A crueza passa, então, à categoria abominada de pseudonatural" (*RB*, p. 67).

No mesmo livro (*Roland Barthes por Roland Barthes*), ele nota sua constante recusa do "natural", que é "ilusão de natural", imposta pela ideologia dominante (*RB*, p. 134). O *natural*, portanto, só é apreciado quando não vem sobrecarregado com o signo da naturalidade. Os ornamentos pseudonaturais dos pratos de *Elle* são ridicularizados, o ornamento abstrato do prato japonês é elogiado: "o artifício é desejado se ele é baudelairiano (oposto de modo franco à Natureza), depreciado como *simili* (pretendendo mimar essa mesma Natureza)" (*RB*, p. 131). Isso vale tanto para a comida como para a linguagem. O estilo ornado (signo suplementar do "artístico"), assim como o discurso do "bom-senso" (*simili* do natural), são recusados; o artifício (convenção franca) do haicai é apreciado.

Essa homologia entre a culinária e o texto escrito é explicitada em *O império dos signos*. Mas ela já aflorara na crônica das *Mitologias*, quando ele dizia que o revestimento de um prato "quer ser a página em que se lê toda uma cozinha rococó" (*M*, p. 129). Quando fala de culinária, Barthes *lê* os pratos como textos. Ele se deslumbra com a comida japonesa porque descobre nela as mesmas características da escrita ideogramática. Segundo ele, a cozinha japonesa é "uma cozinha escrita", o comensal japonês é um "grafista" que "inscreve o alimento na matéria".

A relação da culinária com a escrita também foi estabelecida por ele, em 1975, num prefácio à obra do Brillat-Savarin[3]. A partir de uma observação do gastrônomo sobre os efeitos retardados do champanhe, ele aponta "uma das categorias formais mais importantes da modernidade: a do *escalonamento* dos fenômenos", e dá-lhe o nome de "*bathmologie*": "A bathmologia seria o campo dos discursos submetidos a um jogo de *graus*. Certas linguagens são como o champanhe: desenvolvem uma significação posterior à sua primeira escuta, e é nesse recuo do sentido que nasce a literatura" (*OC* IV, p. 808).

A linguagem e a gastronomia, diz ele, têm o mesmo órgão: "Comer, falar, cantar (será necessário acrescentar: beijar?) são operações que têm por origem o mesmo lugar do corpo: com a língua cortada, não há mais gosto nem fala." A ligação lhe parece tão evidente que ele traz, em apoio, o fato de Brillat-Savarin ter sido poliglota e, ainda mais, um escritor: "B.-S. está certamente ligado à língua – como esteve ligado à alimentação – por uma relação amorosa: ele deseja as palavras, em sua própria materialidade" (*OC* IV, p. 815).

A metáfora da *escrita/leitura*, aplicada à culinária, não é apenas o fruto da obsessão de um escritor que remete tudo à sua prática. É um traço especificamente barthesiano. Ao expor sua teoria e sua experiência pessoal de escritor, as metáforas que lhe vêm são culinárias. O estereótipo, diz ele, talha como o leite. O escritor é uma cozinheira atarefada, que deve mexer constantemente as panelas da linguagem para que esta não grude. "É preciso ter a coragem de entrar na 'cozinha do sentido'" (*EC*, p. 157). O sentido deve permanecer "fluido, fremindo numa leve ebulição" (*RB*, p. 101).

E quanto à sua própria imagem pública:

> Na frigideira, o óleo está espalhado, plano, liso, insonoro (apenas alguns vapores): espécie de *materia prima*[4]. Joguem ali um pedacinho de batata: é como uma isca lançada a animais que, semiadormecidos, esperavam. Todos se precipitam, cercam, atacam rumorejando, é um banquete voraz. A parcela de batata é encurralada – não destruída, mas endurecida, rissolada, caramelizada; ela se torna um objeto: uma batata frita. Assim, sobre qualquer objeto, o bom sistema linguageiro *funciona*, trabalha, envolve, rumoreja, endurece e doura. Todas as linguagens são

---

3. Brillat-Savarin, *Physiologie du goût*. Paris: Hermann, 1975.
4. Em italiano, no texto.

microssistemas de ebulição, frituras. Eis o jogo da *Machè*[5] linguageira. A linguagem (dos outros) me transforma em imagem, como a batata bruta é transformada em batata frita.[6]

No mesmo evento, Jean-Pierre Richard apresentou uma comunicação intitulada "Plaisir de table, plaisir de texte" [Prazer de mesa, prazer de texto], em que analisava as ocorrências da comida na obra de Huysmans. Homenageando Barthes, diz ele:

> Não esquecerei, entretanto, que essa comida é para mim, leitor de Huysmans, um produto de linguagem e mais precisamente um efeito de texto. Prazer ou desprazer de mesa, é na verdade prazer de texto: de mesa textual, de texto posto à mesa. Assim como Roland Barthes fala hoje do discurso amoroso, talvez devêssemos evocar aqui a ação, traçar a tablatura de uma espécie de *discurso guloso* (distinto do gustativo como o amoroso é do sexual), e soletrar o alfabeto de suas figuras.[7]

A aliança da culinária à linguagem tem, na obra de Barthes, uma função teórica e um efeito escritural. Como metáfora, ela explicita sua concepção da linguagem. Como elementos do texto, as palavras colhidas no léxico da nutrição dão corpo à sua escritura, fazem com que o texto deixe de ser o discurso abstrato, puramente cerebral do teórico, para que a *própria coisa* se faça sensível, como na linguagem poética:

> É bom que, pensava ele, por atenção para com o leitor, no discurso do ensaio passe, de vez em quando, um objeto sensual (aliás, em *Werther*, passam de repente certas ervilhas cozidas na manteiga, uma laranja que se descasca e se corta em gomos). Duplo benefício: aparição suntuosa de uma materialidade e distorção, desvio brusco imposto ao discurso intelectual (*RB*, p. 138).

É o que ele sempre praticou, dando sabor ao seu saber.

---

5. A palavra é explicada em outro texto de Barthes, no mesmo ano: "Em grego, *Machè* quer dizer: o combate, a batalha – o combate singular, o duelo, a luta num concurso. Ludismo do conflito, da justa: eu detesto" (*BL*, p. 389).
6. *Prétexte: Roland Barthes, Colloque de Cérisy 1977* (dir. Antoine Compagnon). Paris: Christian Bourgois, 2003, pp. 140-1. Texto reproduzido em *BL*, p. 389.
7. Idem, p. 176.

CARTAS DE ROLAND BARTHES
A LEYLA PERRONE-MOISÉS

22 Mai 77

Chère Leila,

Merci pour votre mot. La santé de ma mère me donne, hélas, du souci, et je ne suis guère disponible pour travailler ou répondre. Je vous dis donc en hâte que la leçon inaugurale du Collège sera d'abord publiée en plaquette par le Collège qui en aura les droits pendant 6 mois. Ce n'est qu'ensuite que cela sera disponible. Je vous enverrai la plaquette quand elle sera imprimée.

Merci pour les bonnes nouvelles que vous me donnez du RB. Merci de votre travail, de votre fidélité.

Votre ami
R Barthes

22 de maio de 1977

Cara Leila,

Obrigado por seu bilhete. A saúde de minha mãe, infelizmente, me preocupa, e não estou disponível para trabalhar ou responder. Digo-lhe pois, rapidamente, que a aula inaugural do Collège será primeiramente publicada em separata pelo Collège, que terá os direitos sobre ela durante 6 meses. Somente depois ela estará disponível. Mandarei a separata a você quando ela for impressa. Obrigado pelas boas notícias que você me dá do RB [*Roland Barthes por Roland Barthes*]. Obrigado por seu trabalho, por sua fidelidade.

Seu amigo

R Barthes

10 Sept

Merci, chère Leyla, pour le livre et la lettre, reçus en même temps et avec grande joie. Cela m'a paru très bien, m'a fait un plaisir profond : soyez vraiment remerciée pour votre travail, votre intelligence, votre amitié. — J'ai toujours du souci avec la santé de ma mère ; elle ne va pas mal, mais c'est précaire, et je suis devenu largement indisponible, gardant le peu de temps que j'ai maintenant pour la préparation du cours. Je ne vous oublie pas et j'aime toujours avoir de vos nouvelles.

Votre ami
R B.

10 de setembro [de 1977]

Obrigado, cara Leyla, pelo livro e pela carta, recebidos ao mesmo tempo e com grande alegria. Parece-me muito bom, causou-me um profundo prazer: agradeço-lhe verdadeiramente por seu trabalho, sua inteligência, sua amizade.
– Continuo preocupado com a saúde de minha mãe; ela não vai mal, mas [seu estado] é precário, e eu me tornei largamente indisponível, guardando o pouco tempo que tenho agora para a preparação do Curso.
Não me esqueço de você e gosto sempre de ter notícias suas.

Seu amigo

RB

5 Mai 78

Chère Ceyla,

Désolé de vous avoir manqué. Et surtout merci encore pour votre fidélité si active — La leçon du Collège sera reprise commercialement par le Seuil, au bout d'un délai légal requis par le Collège (il viendra bientôt à expiration). C'est donc avec le Seuil qu'il faudra traiter — d'ici qques mois. Il faudra donc leur écrire, le Collège est hors de la course.

En hâte (toujours)
à vous, en toute
amitié

R Barthes

5 de maio de 1978

Cara Leyla,

Lamento não a ter encontrado. E, sobretudo, obrigado por sua fidelidade tão ativa – a Aula do Collège será publicada comercialmente pela Seuil, ao cabo de um prazo legal estipulado pelo Collège (esse prazo vai expirar logo). É portanto com a Seuil que será preciso tratar, daqui a alguns meses. É necessário, pois, escrever-lhes, o Collège está fora da jogada.

Com pressa (sempre)
seu, com toda a amizade

R Barthes

24 mai 79

Chère amie,

Je réponds bien tard à votre belle lettre — et je sais déjà que je ne vais pas y répondre. Je suis pts devenu plus incapable que jamais d'écrire des lettres — peut-être, ce qui est plus grave, de "dialoguer" (mais l'ai-je jamais fait ? Puisque vous voulez bien me penser comme "écrivain", il faut se rendre à cette évidence, que l'écrivain ne dialogue pas). Ce que je peux dire, c'est que tout ce que vous m'avez écrit, c'est précisément cela qu'il fallait dire à propos de la Leçon. Votre additif est fait, et presque dans sa forme. Je vous remercie, chère Leyla, pour votre confiance, votre invention dans la confiance. Je vous dis ma vive et fidèle affection

Roland Barthes

24 de maio de 1979

Cara amiga,

Respondo com atraso a sua bela carta – e já sei que não vou responder. Tornei-me mais incapaz do que nunca de escrever cartas – talvez, o que é mais grave, de "dialogar" (mas será que alguma vez o fiz? Já que você me considera um "escritor", é preciso render-se a esta evidência: um escritor não dialoga). O que posso dizer de tudo o que você me escreveu, é que é *precisamente isso* que se deve dizer da Aula. Seu posfácio está feito, e quase em sua forma final.
Agradeço-lhe, cara Leyla, por sua confiança, sua invenção na confiança.
Expresso-lhe minha viva e fiel afeição

Roland Barthes

5 Juin 79

Chère amie,

Je reçois votre lettre au moment de partir deux semaines pour la Grèce ; j'ai eu le temps cependant de lire ce que vous avez commencé d'écrire sur la traduction : c'est absolument <u>juste</u> (notamment en ce qui concerne la ponctuation, j'amais dit). Continuez, ce sera épatant. Merci de tant d'intelligence et de bienveillance.

A vous
très fidèlement

Roland Barthes

5 de junho de 1979

Cara amiga,

Recebo sua carta no momento de partir para a Grécia por duas semanas; tive entretanto tempo para ler o que você começou a escrever sobre a tradução: é absolutamente *justo* (principalmente no que concerne à pontuação, nunca dito antes). Continue, vai ser ótimo. Obrigado por tanta inteligência e benevolência.

Seu
muito fielmente

Roland Barthes

III
DEPOIS DE BARTHES

RELEMBRANDO BARTHES, SEM AUTÓPSIAS ACADÊMICAS*

Tenho escrito muito sobre Barthes: introduções a obras dele que traduzi, artigos por ocasião da publicação de seus livros ou de livros sobre ele. Escrevi uma tese (depois transformada em livro) sobre os "críticos-escritores", da qual ele era, ao mesmo tempo, o assunto e o inspirador teórico. Frequentei seus seminários, intermitentemente, desde 1968, e regularmente, em 1973 e 1974. Como tradutora, jornalista literária e discípula bissexta, tive também o privilégio de conhecê-lo de perto, de conversar com ele inúmeras vezes.

A notícia de sua morte feriu-me como o inacreditável. Eu sabia do acidente e conhecia a gravidade de seu estado. Cartas e telefonemas de amigos comuns me mantinham informada, semana a semana, do agravamento da situação. Mas eu me recusava a assimilar essas notícias e a tirar delas a possível conclusão. "Só as evidências podem estupefazer", escreveu ele em algum lugar. A evidência de seu desaparecimento me deixou pasma.

Não me manifestei na ocasião porque estava fora do Brasil e, de certa forma, foi melhor não ter de falar sob o impacto do acontecimento. Sempre detestei os necrológios, desde que notei a predileção particular que por eles têm os críticos literários. Sainte-Beuve, no século XIX, foi um especialista no gênero. Para o crítico, há sempre um gostinho secreto por detrás da compunção do necrológio: afinal o escritor está *fixado*; não publicará mais nada que contradiga as análises críticas, torna-se o tema ideal das autópsias acadêmicas. Sartre viu bem esse aspecto quando, em *O que é a literatura?*, escreveu que os críticos são cátaros, gostam mais de frequentar os mortos do que os vivos. Além disso, quando o crítico conviveu com o escritor, pode tirar um certo brilhareco desse fato, apresentando essa convivência do modo que lhe aprouver. O falecido não poderá manifestar-se para contestar ou nuançar os acontecimentos ou conversas.

Ora, eu escrevi muito sobre Barthes vivo, correndo com ele os riscos de seus deslocamentos, enfrentando as dificuldades de uma obra não só *in progress*, mas em constante mutação. Só agora, a pedido do

---

* Artigo publicado no *Jornal da Tarde* (*O Estado de S. Paulo*), 31/5/1980.

Jornal da Tarde, disponho-me a falar do Barthes que conheci, como uma homenagem que desejo prestar-lhe.

Em seu último artigo (*Tel Quel*, dez. 1979), Barthes publicou o seguinte fragmento de diário: "A velhice e a morte de Gide (que leio nos *Cahiers de la Petite Dame*) foram cercadas de testemunhas. Mas não sei o que aconteceu a essas testemunhas: sem dúvida, na maior parte morreram por sua vez? Há um momento em que as próprias testemunhas morrem sem testemunhas. A História é feita assim de pequenos estalos de vidas, de mortos sem revezamento [...]. A morte, a verdadeira morte é quando morre a própria testemunha." Como uma *Petite Dame*, eu sou agora uma das depositárias da memória, da vida de Barthes. Meu testemunho se constituirá daquelas lembranças que quero partilhar com os que o conheciam e admiravam, quer pelo contato com sua pessoa, quer pela convivência, afinal mais importante, do leitor com o escritor. O meu foi um contato de crítica, de tradutora, de ouvinte.

Como crítica, tudo o que posso acrescentar ao que já escrevi sobre Barthes é o seguinte: sem Barthes, o mundo ficou um pouco menos inteligente e um pouco menos amável. Nada de muito espetacular. Sua morte não foi uma catástrofe para as letras francesas, e ainda menos para as letras universais. Porque Barthes, cujo traço fundamental era a discrição, nunca se inseriu no panorama literário como um escritor de impacto e de polêmica, mas, segundo uma maneira que era a sua, sutil, insinuante, mais subversiva do que revolucionária. Começou a publicar relativamente tarde e publicou relativamente pouco. O impacto, as polêmicas e a fama ocorreram por assim dizer à sua revelia e até para seu próprio espanto. Numa conversa sobre a eventualidade de um Prêmio Nobel, sugerida por alguém, Barthes reagiu como ao mais risível absurdo.

Seria também com descrença que ele veria a sugestão de um grande funeral público (como o de Victor Hugo ou o de Sartre, aos quais acorreram milhares de pessoas) ou a afirmação de que o mundo mudou com sua morte. Mas eu sei que ele mudou. Levemente (o mundo é grande), imperceptivelmente (quantas pessoas o conheciam, o liam?), mas, certamente, o mundo se enrijeceu. Serão poucos a notá-lo, mas a grande bobagem universal ficou um pouco mais densa sem o seu olhar claro e lúcido, um pouco mais triunfante sem sua crítica ironia. Um pouco mais abandonada (a bobagem não sabe, mas ela também ficou órfã), um pouco mais entregue à sua coagulação, sem a secreta ternura com que ele a desmontava, detectando suas ocorrências em toda parte e, antes de tudo, nele mesmo. Porque, vendo a linguagem como a sede de todo poder, mas também como o campo da repetição desgastada (e isso é a bobagem), Barthes tinha consciência de que sua própria linguagem fluía à sombra da asserção e do lugar-comum. Como Flaubert, ele se sentia fascinado pela bobagem até o mimetismo. Entretanto, como o Monsieur Teste de Valéry, ele poderia dizer: "A bobagem não é o meu forte."

O trabalho de Barthes era trançar e destrançar a trama da linguagem, livrando-a dos fios mortos do estereótipo, para que o texto pudesse aflorar com seu brilho renovado e, nele, um novo sujeito pudesse finalmente surgir, desembaraçado de suas ilusões representativas. Com graça e teimosia, deslocando as acepções oficiais, modulando a enunciação, Barthes subvertia os discursos dominantes, engajando-se na "revolução permanente da linguagem", que para ele era a literatura.

Daí a injustiça (se não o absurdo) dos que ainda querem colocar em Barthes uma etiqueta – e o momento *post mortem* aumenta a tentação classificatória, provoca epitáfios odiosamente conclusivos. É absurdo, por exemplo, discutir se Barthes foi ou não foi um bom semiólogo. Isso só pode ser discutido por quem não leu sua obra e pensa que ela se resume à modesta (embora pioneira) apostila didática dos *Elementos de semiologia* ou ao *Sistema da moda*, tese de que ele desistiu por fastio e publicou como um resto de arquivo morto. Barthes foi um escritor sem gênero definido, e é isso que aborrece os catalogadores. Sua obra de escritor fulgurante está em *O prazer do texto*, *Roland Barthes por Roland Barthes* e *Fragmentos de um discurso amoroso*, nos quais ensaio, ficção e poesia se fundem, num gênero ainda indefinido, mas talvez a anunciar os futuros caminhos da escritura.

Mais absurdo ainda é classificá-lo segundo toscos esquemas políticos e afirmar que ele era "de direita", como foi dito num artigo da *IstoÉ* (2/4/1980). Porque ele teria votado em Giscard? Acontece que Giscard não é um Pinochet, assim como Marchais e Mitterrand estão longe de ser Allende. A escolha, nas eleições francesas, não é entre o Mal e o Bem absolutos. Que eu saiba, também, ser "de direita" é ser totalitário, patriótico-belicista, racista, guardião da moral burguesa etc., qualificativos que assentam tão mal em Barthes como uma tromba de elefante numa gaivota. Barthes também não era "pretensamente apolítico", como se dizia no mesmo artigo. "Tudo é político", afirmou ele mais de uma vez. Para entender seu afastamento da militância marxista (mas não dos ideais libertários) é preciso conhecer as patrulhas ideológicas de que ele foi vítima, o desencanto de sua viagem à China maoista, sua amizade com escritores banidos de países comunistas por homossexualismo ou dissidência, e outras tantas coisas que seria longo discutir aqui (além de inútil para ouvidos moucos).

Como tradutora, tive a experiência de escrever com Barthes. Não, como alguns tradutores de autores vivos, de traduzir sob seus conselhos. Barthes não era um poliglota (limitação que ele reconhecia publicamente), e sua convicção era de que a tradução (pelo menos a de seus textos) não é uma questão de letra, mas de "tom justo". E como ele tinha a generosidade de imaginar meu ouvido afinado à sua voz, declarava sua confiança em minhas versões. Assim, encorajada por sua renovada confiança, pude assumir totalmente aquele desejo ingênuo de todo tradutor que não traduz por necessidade alimentar, mas por escolha e amor: o desejo de reescrever a obra. Como o Pierre Ménard de Borges, tentei reescrever Barthes, não palavra por palavra, mas tom sobre tom.

Disse, no início, que fui sua aluna bissexta. De fato, fui uma aluna ouvinte, pela força das circunstâncias. As circunstâncias eram a irregularidade de minhas estadas em Paris e o fato de eu ter ingressado no círculo de Barthes como uma discípula mais velha do que meus colegas, já liberada de todas as injunções acadêmicas (créditos, dissertações). Assim, nunca fui aluna inscrita, mas alguém que ia ouvi-lo por prazer e a quem ele perguntava, com certa *coquetterie*: "Não é desinteressante para você ouvir essas coisas que você já sabe?"

Não só era interessante ouvi-lo falar de qualquer coisa como, para um professor, os seminários de Barthes valiam por mil aulas de didática. Em especial seus seminários para pequenos grupos, na École Pratique des Hautes Études. Barthes realizava o ideal de um seminário erudito sem ser pedante, descontraído sem ser relaxado, sob uma direção efetiva mas flexível. Suas palavras nunca emanavam ex-cátedra, mas, pelo próprio tom de sua locução, eram leves, convidativas, amavelmente provocantes. Barthes tinha um jeito especial de ouvir os discípulos, e estes se educavam menos pelas respostas do mestre do que pelo modo como ele ouvia. Um discípulo experimentado sabia ler em seu assentimento (ele nunca contradizia), avaliar, por um certo jeito de ele baixar as pálpebras ou de lançar a fumaça do charuto, o exato grau de interesse ou de desinteresse de sua intervenção. As tolices irrecuperáveis ficavam como não tendo acontecido; as observações inteligentes mas pretensiosas eram desmontadas por um sorriso; as observações medianas, se estas eram ditadas por um real desejo do aluno de entrar no jogo do diálogo, eram habilmente retomadas por ele e devolvidas sob nova fórmula, de outro ângulo, tornadas luminosas por sua dicção. E, como ele nunca assumia a propriedade do novo discurso, o aluno tinha o prazer de descobrir que tinha dito algo muito mais interessante do que pensava. Como foi observado por alguns críticos, Barthes tinha o dom de fazer com que o leitor se sentisse inteligente. Pessoalmente, o mesmo acontecia. Por um malabarismo generoso de que ele tinha o segredo, toda a sua inteligência se projetava sobre o interlocutor. Barthes se incomodava com os alunos que anotam tudo, palavra por palavra. "Para quê?", perguntava. Encorajava, pelo contrário, "a anotação louca", segundo a escuta flutuante da psicanálise. Achava que, se o aluno colhesse em seu discurso apenas aquelas palavras ou expressões que acenassem a seu desejo, teria chance de produzir um texto novo, pessoal, e era o que ele queria receber de volta, e não a imagem especular de seu próprio discurso, por ele conhecido, e portanto tedioso.

Esse mestre nunca assumia a mestria. Queria e conseguia que seu seminário fosse um círculo descentrado, que a palavra circulasse como no jogo de passar anel, que o ambiente de suas aulas não fosse um cenáculo, mas uma área de jogo onde o saber se criava à margem do poder acadêmico, como um suplemento de prazer e afeto. O seminário era experimental, não no sentido chato das experiências pedagógicas programadas, mas no sentido em que todas as reais comunicações intersubjetivas são experimentos (fatalmente fracassadas, como "comunicações de almas", mas bem-sucedidas como eventos linguageiros do desejo).

Só uma vez vi Barthes perder a calma. Ele havia proposto, ao grupo do seminário, participar na elaboração do glossário de *Roland Barthes por Roland Barthes*. Um estudante respondeu que preferia um tema mais geral, pois aquele trabalho só seria útil ao próprio Barthes; por outras palavras, que os alunos estariam trabalhando de graça para ele. Diante dessa grosseria, a estupefação do mestre foi tão grande que ele só dizia *"Oh non!"*. O aluno não tinha entendido que o pedido de Barthes era, na verdade, uma oferta; que ele não precisava de ninguém para fazer aquele glossário, o qual não era de erudição mas de prazer; que ele queria incluir os discípulos como coautores de seu texto. E, se ele não tinha entendido, era inútil explicar. No rosto dos componentes do grupo, estamparam-se expressões que variavam da consternação à secreta crueldade. Todos sabíamos que, naquele instante, o aluno estava se expulsando dali para sempre, enquanto Barthes repetia, magoado: *"Oh non!"* Nunca mais vi aquele aluno, que tinha cometido o único erro inaceitável nas aulas de Barthes: a burrice afetiva.

O que se aprendia com Barthes não era um saber, mas um jeito de viver o saber: "Nenhum poder, um pouco de saber, um pouco de sabedoria, e o maior sabor possível" (*Aula*). Como uma sucessão de *flashes*, voltam-me à memória vários momentos de meu convívio com Barthes. Essas imagens do mestre, fragmentárias e abertas, constituem agora para mim algo como os *koans* na prática do Zen: pequenas histórias, curtos diálogos com o mestre, que servem apenas como instigação; histórias enigmáticas ou incompletas, que não têm uma moral mas apenas uma forte virtualidade de significação. Nos últimos tempos, Barthes estava interessado no Zen (através dos haicais, não como uma religião, mas como um antídoto à subjetividade narcísica do sujeito ocidental). E, na sua sabedoria tranquila e despersonalizada, ele tinha tomado uns ares de mestre zen. Por tudo isso, talvez, minhas lembranças tomaram uns ares de *koans*.

Um dia, perguntei-lhe em que medida o afetavam as acusações dos críticos, que o censuravam por suas mudanças de posição, a desenvoltura com que ele se transformava, passando de sociólogo a semiólogo, de semiólogo a psicanalista, de "cientista" a "diletante" etc. Disse-lhe que havia escrito um texto sobre ele intitulado "Roland Barthes, o infiel". Ele sorriu e respondeu, com sua voz extremamente grave e pausada: "Mas eu sou muito fiel a minhas obsessões!" Depois, retificou: "Digamos que minhas obsessões me são extremamente fiéis."

Gilles Lapouge me contou a seguinte história, ocorrida com ele. Foi à casa de Barthes para entrevistá-lo e encontrou-o despedindo-se de uma velhinha, amiga de sua mãe. A distinta senhora comentava, horrorizada, a degenerescência dos costumes nos dias atuais. Atônito, Lapouge ouviu Barthes concordando: "É realmente lamentável. Nenhuma moral, a juventude está perdida. Já não existem pessoas responsáveis como antigamente. Não sei onde vamos parar etc." A velhinha se retirou, balançando a cabeça, e Lapouge ficou mudo, aguardando. E Barthes lhe disse: "Pois é, tenho um tremendo defeito: não sei dizer não."

Também com Lapouge, vi Barthes uma noite, dirigindo-se para uma entrevista na televisão como quem vai para o cadafalso. Já sentado no cenário do programa, Barthes parecia extremamente inquieto, olhando para os lados, como quem procura uma saída. Quanto mais os *camera men* ajeitavam as luzes e procuravam os melhores ângulos, mais infeliz ele parecia. Quando chegou sua vez, ele falou com absoluta calma e segurança; a entrevista saiu perfeita. Mas, assim que as luzes se apagaram, ele se virou para Lapouge, com um ar de náufrago que vê um barco, e perguntou: "Acabou?" Ele só voltou realmente a relaxar quando nos instalamos no cenário, para ele familiar, do restaurante Falstaff. Ali, os garçons o conheciam e o vinho que ele pediu era "o de sempre".

Uma outra noite, ele veio jantar em minha casa com outras pessoas. Tomou batida de maracujá e disse que era deliciosa (soube, mais tarde, que ele odiava frutas tropicais). Lembro-me de muitas coisas que os outros fizeram ou disseram. Mas não me lembro de nada que Barthes tenha feito ou dito (afora o delicado comentário à batida). Lembro-me só de que ele foi o primeiro a chegar e o último a sair, e que tinha um boné e um cachecol, para proteger seu pulmão doente contra o frio da noite parisiense.

No 1º. Congresso Internacional de Semiótica, em Milão (1974), ele era a estrela mais discreta e descrente. No agitado salão do anfiteatro, me fez um gesto mostrando "tudo aquilo", acompanhado de um sorriso que dizia tudo sobre seu ceticismo.

Depois da revolução portuguesa, dei com ele num jantar formal na Embaixada de Portugal. Ele, que detestava esse tipo de reunião, estava ali gentil e entediado, porque "queria marcar seu apoio aos recentes acontecimentos portugueses". Com a mesma preocupação, oferecia sua ajuda efetiva aos exilados latino-americanos que o procuravam. E ainda agradecia (aconteceu com meu irmão) a oportunidade que lhe era assim "concedida" de fazer um gesto político. Enquanto isso, era acusado de burguês e reacionário, porque escrevia sobre o prazer do texto e não acreditava em literatura de mensagem.

A última vez em que o vi foi em fevereiro de 1979. Desde seu ingresso no Collège de France, ele se tornara realmente uma celebridade. Seu número de telefone teve de ser mudado e retirado da lista, para evitar o assédio. Barthes me recebeu em sua casa. Estava morando no apartamento de sua mãe, falecida um ano antes. Ele mesmo me abriu a porta, estava só. Tinha um pulôver bege-claro e calças da mesma cor; os cabelos brancos e os olhos azuis compunham, com a roupa, uma figura toda suave, quase sem destaque na moldura também neutra do apartamento. Deste, só vi um vago fundo de livros empilhados e quadros abstratos, sem que nenhum detalhe se impusesse, nem pela ordem, nem pela desordem, nem por qualquer intensidade de cor ou de relevo. As coisas estavam ali, como ele mesmo, presentes mas não imponentes, disponíveis mas como que um pouco abandonadas.

Depois de um "como vai?", que não era uma simples formalidade mas uma real pergunta, repetida com interesse, ele me disse: "Eu estou doente e muito infeliz." Isso não foi dito num tom de queixa, mas de simples constatação. A tristeza de seu olhar era a mesma que se evidencia em suas últimas fotos. Explicou-me que, desde a "partida" de sua mãe, ele se havia mudado de seu apartamento no mesmo prédio para aquele que fora o dela, "a fim de pôr um pouco de ordem nas coisas". E que dali não conseguia mais sair.

Levou-me para um escritório-quarto, onde nos sentamos. Perguntou-me sobre a situação brasileira, cuja relativa melhora o alegrava.

Pediu-me notícias de todos os seus antigos alunos brasileiros, um por um. Referi-me ao enorme sucesso de seus cursos no Collège de France, e ele me disse que aquela multidão de ouvintes o angustiava: "Não sei quem são, não sei o que esperam de mim. Claro que esse público me envaidece, seria mentiroso negá-lo. Mas cada aula é um tremendo cansaço para mim. Não é como os seminários da École Pratique, que me davam prazer. Este é *um público*, e é isto que me aborrece. Vou terminar este semestre e parar por algum tempo. Vou parar com tudo: de dar aulas, de escrever. Estamos vivendo, na França, um momento de infelicidade semântica. O discurso está exausto, cansado de tanto produzir sentidos. Vou para o campo, vou viajar, vou viver um pouco para mim. Deixar que as coisas assentem."

Falamos de várias outras coisas, de Paris, das pessoas conhecidas. Amigas ou inimigas, ele tinha, para cada uma delas, uma palavra de afeição ou de tolerância. Sobre as pessoas adversas ou desinteressantes, só tinha comentários como: "Ele é muito imprudente" ou "Ele deve estar doente".

Falamos, finalmente, da tradução da Aula inaugural, que eu ia fazer, e do posfácio que o editor me pedira mas eu não queria escrever, por achar inoportuno qualquer comentário aposto à Aula. Para minha surpresa, ele me pediu que o fizesse, insistindo em que eu acharia o melhor jeito de o fazer. Disse-me: "Nós vamos fazer juntos esse posfácio." Sugeriu-me que lhe escrevesse sobre isso e que, desse diálogo, nasceria o posfácio. (Foi o que realmente aconteceu, nos meses seguintes, não como um "diálogo" – "um escritor não dialoga", escreveu-me ele –, mas segundo seu modo habitual de escuta, nesse caso, de leitura atenta, sugestiva, estimulante.)[1]

Temendo tomar muito de seu tempo, dispus-me a partir. Sempre vagaroso, ele me acompanhou até a porta e aí continuou conversando. Queria saber de meu irmão, mandar-lhe amizades e conselhos afetuosos. De repente, tive a impressão de estar me despedindo de um parente mais velho. Se conto esses pormenores, não é para mostrar "a outra face" do grande intelectual parisiense, "que era também muito humano etc.", mas porque quero registrar como me lembro dele.

Assim era Barthes, nos escritos mais requintados como na conversa cotidiana: infinitamente compreensivo e cuidadoso, sempre à beira do tédio mas dele emergindo por um traço de humor, suficientemente

---

1. *Aula*. São Paulo: Cultrix, 1980. Essa aula inaugural, proferida por ocasião de seu ingresso no Collège de France, pode ser vista agora como o testamento de Barthes, a mais perfeita síntese de sua obra e de suas posições.

egocêntrico para sofrer as feridas do narcisismo e suficientemente irônico para se despersonalizar e sorrir. Um ser amoroso, para quem a escritura, as aulas e as relações pessoais pertenciam todas à mesma área vital da atividade afetiva.

DE VOLTA A ROLAND BARTHES*

No início de dezembro de 2000, aconteceu um colóquio internacional sobre a obra de Roland Barthes, na Universidade de Yale (EUA). O título do encontro – "Back to Roland Barthes, Twenty Years After" – indicava o intuito de rever sua obra, vinte anos após seu desaparecimento. Os participantes eram, na quase totalidade, americanos, franceses e ingleses. Como foi observado pelo público, quando a este foi dada a palavra, era um colóquio de "stars". Basta citar, entre os americanos, os nomes de Susan Sontag e Jonathan Culler; entre os franceses, Michel Déguy e Antoine Compagnon; entre os ingleses, Geoffrey Bennington. Nesse contexto, eu era a única vinda de fora.

Nas semanas anteriores, haviam sido prestadas duas homenagens parisienses ao teórico do "prazer do texto": um colóquio no Collège International de Philosophie e outro no Collège de France. No primeiro, foi discutida a questão da "herança de Barthes", expressão considerada pelos participantes inadequada, sendo preferível falar de uma "familiaridade sem linhagem". A atualidade do ensaísta foi ressaltada por Guy Scarpetta, que, recusando a imagem corrente de "dândi hedonista", enfatizou "a vigilância crítica, a intolerância ao discurso dos bons sentimentos, que seria necessário reativar na guerra de linguagens em que vivemos hoje". Scarpetta lembrou que Barthes foi tudo, menos um "mestre": "Ele sempre funcionou como um superego leve, não autoritário, presente, sim, mas de leve, apenas atrás da orelha." A homenagem do Collège de France, instituição em que Barthes ingressou, segundo ele mesmo, como um "sujeito impuro", foi mais convencional, segundo o relato do jornal *Le Monde*.

O colóquio de Yale permitiu, àqueles que dele participaram, ter uma visão geral do que representa, hoje, o nome de Roland Barthes no mundo anglófono – já que os franceses ali presentes também ensinam, frequentemente, em universidades americanas. Segundo os organizadores, Peter Brooks e Naomi Schor, "mais do que tentar integrar ou sistematizar a obra de Barthes – projeto que o próprio rejeitaria –, o evento buscava representar as várias faces e vozes dessa obra e entender sua

---

* Publicado no suplemento *Mais!*, *Folha de S.Paulo*, 14/1/2001.

importância para a crítica literária e cultural da atualidade. Peter Brooks, diretor do Whitney Humanities Center de Yale e autor de importantes obras teóricas (*The Novel of Wordliness, Reading for the Plot* e *Psychoanalysis and Storytelling*), dirigiu o colóquio com grande elegância e notável discrição, já que não apresentou nenhuma comunicação e se limitou a dar a palavra aos colegas.

Susan Sontag, como não poderia deixar de ser, foi a grande estrela do encontro. Sontag falou sobre a fotografia, à luz do livro de Barthes sobre o tema (*A câmara clara*). Numa fala prévia ao colóquio, durante o almoço, a escritora fez uma série de considerações sobre o que chamou de "representações da atrocidade": em que medida as fotos de guerra são um testemunho e um alerta ou, pelo contrário, banalizam e estetizam esses eventos horríveis, tornando-os suportáveis e inócuos. Na comunicação apresentada dentro da programação do colóquio, ela voltou a falar da fotografia, mas sobretudo se defendeu de algumas críticas indiretas, e talvez involuntárias, feitas por Jonathan Culler na sessão anterior.

Jonathan Culler, conhecido professor da Universidade de Cornell e autor de *Sobre a desconstrução – Teoria e crítica do pós-estruturalismo* (Editora Rosa dos Tempos) e *As ideias de Barthes* (Cultrix/Edusp), tinha falado dos riscos de considerar Barthes apenas "escritor", minimizando sua obra teórica. Sontag, autora de *Roland Barthes, Writing Itself*, sentiu-se visada e declarou que considerar Barthes fundamentalmente escritor foi o modo que ela achou mais adequado naquele momento (fim dos anos 1970). Não esclareceu se esta ainda era sua visão atual, mas a utilização da teoria barthesiana sobre a fotografia, feita por ela, mostra que essa visão foi ampliada posteriormente.

Raymond Bellour, francês especialista em cinema que já tem dado cursos sobre o assunto no Brasil, falou da relação de Barthes com essa arte. Françoise Gaillard, professora da Universidade de Paris 7, falou sobre "A paixão pelo significado" e lembrou que Barthes nunca deixou de lado suas preocupações políticas de origem marxista, ou que estas jamais o deixaram em paz, já que em *Roland Barthes por Roland Barthes*, da fase final do autor, há uma "Censura de Brecht a RB", em que ele cita o autor alemão quando este diz que não há escolha entre ser objeto ou sujeito da política e que, portanto, não se pode "viver com pouca política".

Michel Déguy, um dos mais importantes poetas franceses atuais, além de filósofo e crítico literário, partiu da observação de que Barthes "não gostava de poesia" (escreveu muito pouco a esse respeito), mas que seu pensamento é fecundante para os poetas. Falou sobre o estilo de Barthes, um discurso monocórdio no qual, como ele mesmo disse de Benveniste, de repente saltam palavras inesperadas, justas, poéticas. Declarou que, como poeta, resiste à "difamação da analogia" realizada por Barthes; a uma tendência deste ao dualismo, que não vai até a desconstrução; ao uso da psicanálise como "último discurso", indexado na sexualidade e no desejo. Mas declarou ser adepto da "bathmologia" inventada e praticada por Barthes, que consiste em renunciar a ter razão, a levar vantagem sobre outro que pretendia ter razão antes; a buscar a justiça no desprendimento e chegar à "eudoxia", conhecimento obtido com a participação dos sentidos.

Antoine Compagnon, professor da Sorbonne e autor de obras muito conhecidas, inclusive no Brasil (*O trabalho da citação, O demônio da teoria* e *Cinco paradoxos da modernidade*, todas publicadas pela editora da UFMG), falou dos "livros imaginários de Barthes". Confessou ter-se aproximado com medo de alguns livros do mestre, "que transformam valores em atos" e que mostram lados do escritor que ele não queria ver. E que só muito recentemente leu o último diário de Barthes, no qual ele mesmo, o então jovem Compagnon, é personagem de uma "soirée de Paris" descrita melancólica e ironicamente pelo autor.

Não ficou muito claro, pelo menos para mim, que "lados de Barthes" Compagnon temia. Em compensação, ficou demasiadamente claro o lado que o expositor seguinte, D. A. Miller, da Universidade de Columbia, privilegia. Miller é autor de um livro intitulado *Bringing Out Roland Barthes* [Tirando Roland Barthes do armário], no qual pinçou apenas os trechos em que Barthes trata da homossexualidade. Sua comunicação no colóquio seguiu a mesma linha de leitura gay, interpretando a declaração de Barthes de que "não tinha nada a dizer" e sua recusa das linguagens que se autoexibem como uma defesa contra o "terror social" exercido contra os homossexuais. Posteriormente, em conversas de corredor, alguns dos franceses que conheceram Barthes de perto mostravam-se irritados com essa leitura, já que a homossexualidade jamais foi negada por ele, mas está longe de ser prioritária em seus textos.

Os dois ingleses seguintes foram corretos sem grandes novidades. Malcolm Bowie, de Oxford, falou de "Barthes sobre Proust", e Diana Knight, de Nottingham, bordou considerações sobre "Por onde começar", conhecido texto de Barthes sobre o trabalho de pesquisa. Geoffrey Bennington, de Sussex, foi mais original. Bennington é um brilhante discípulo de Derrida e coautor (com este) de um livro sobre o filósofo. Seu *Derrida Base* é um precioso guia para percorrer os caminhos da desconstrução. Bennington falou sobre a "*selflessness*" barthesiana, fez o elogio da "vacância da imagem" em *Roland Barthes por Roland Barthes* e em *A câmara clara*, da relação estabelecida entre subjetividade (imagem plena de si mesmo) e imagem (sempre má, sempre morta), uma relação não dialética que se configura, no texto barthesiano, como *fading*, enfraquecimento do sujeito.

Dois outros expositores se destacaram. Pierre Saint-Amand, um haitiano professor da Brown, fez uma comunicação muito sedutora sobre "A preguiça de Barthes". De fato, em numerosos textos Barthes fala de sua tendência à preguiça, à procrastinação, ao adiamento. Saint-Amand analisou esses textos como adiamento do gozo e exercício da autonomia do sujeito, que intervém no tempo, interrompe seu curso útil e coloca o corpo erotizado fora da cadeia de produção comercial. Philippe Roger, da École des Hautes Études em Sciences Sociales e autor de um dos melhores livros sobre Barthes (*Roland Barthes, Roman*), falou sobre o "desejo de romance" declarado por ele em sua última fase.

Na mesa-redonda com todos os participantes que encerrou o congresso, um professor de Yale observou que os *scholars* ali reunidos, vários deles responsáveis pela difusão do estruturalismo e do pós-estruturalismo nos Estados Unidos, pareciam estar fazendo o "trabalho de luto" daquelas teorias e daquele grande momento teórico que foram os anos 1960 e 1970. Raymond Bellour, sem concordar com a palavra "luto", disse que foi, de fato, um grande momento, não só para a teoria mas também para a criação, já que no cinema havia então Godard, Truffaut, a *nouvelle vague*; que, atualmente, a França passa por um "*flat moment*" e que talvez a criação esteja ocorrendo em outros lugares.

Peter Brooks observou que pouco se disse do Barthes teórico e crítico da literatura. Ninguém comentou porque é por demais evidente que "literatura" é uma palavra fora de moda no discurso universitário norte-americano. Uma aluna, no público, animou a discussão perguntando por que ninguém tinha falado do Barthes marxista, entusiasta do teatro de Brecht. Françoise Gaillard, que tinha tocado no assunto em sua comunicação, disse que atribuía isso a um certo mal-estar do discurso marxista, nos Estados Unidos e na França, desde a queda do Muro de Berlim.

Foi então extremamente interessante o debate entre Martin Jay, da Universidade da Califórnia, entusiasta um pouco ingênuo da aplicação das *Mitologias* de Barthes para desmistificar os mitos americanos (como "as louras de Hollywood"), e a mesma Françoise Gaillard, que testemunhou o absoluto desinteresse de seus alunos parisienses por esse tipo de exercício, já que os jovens europeus não se identificam com essa atitude de suspeita dos signos e vivem numa espécie de "evidência do bem". Melhor dizendo, de uma "evidência do mal", pois hoje todos sabem que a mídia e a publicidade enganam, que tudo é aparência a serviço do mercado e todos se acomodam a essa situação. O próprio Barthes, quando tentou retomar as *Mitologias* nos anos 1970, desanimou diante do triunfo descarado da ideologia neoliberal.

Foi ponto pacífico, no final, que se deve resistir à canonização de Barthes, cujos textos já fazem parte dos currículos dos liceus franceses; que ser excessivamente fiel a Barthes seria traí-lo. O que me parece difícil é estabelecer o *juste milieu* entre a leitura fiel de seus textos – sobretudo da *Aula*, sobre a qual centrei minha comunicação – e a leitura livre e infiel desses mesmos textos. Nos dois extremos, encontra-se o perigo da imagem: canônica, num extremo, ou "qualquer coisa", no outro. Como ele disse no Colóquio de Cérisy dedicado à sua obra, ao cair na fritura da linguagem alheia, ele se sentia transformado em "batata frita".

O que ficou evidente foi a tendência a privilegiar agora o Barthes crítico da ideologia (sem aprofundar muito a base marxista dessa crítica), o teórico da imagem (autoimagem, publicidade, fotografia), enfim, o "crítico cultural". Barthes teórico e crítico literário, aquele que dizia "amo a literatura de modo dilacerante, no próprio momento em que ela definha" (*Délibération*), está atualmente em segundo plano, encoberto por outras imagens, outras ideologias.

A *AULA*: TESTAMENTO E PROFECIA*

Em *Roland Barthes por Roland Barthes* (1975), o escritor dizia ter atravessado quatro fases, que denominava respectivamente: "mitologia social", "semiologia", "textualidade" e "moralidade". Entre a data desse livro e a de sua morte (1980), ele proferiu sua aula inaugural no Collège de France (1977). Minha interrogação é a seguinte: no momento dessa aula, Barthes estaria passando para uma quinta fase? E, se estava, quais seriam as propostas dessa quinta e última fase?

Certas afirmações da *Aula* e de seus últimos textos, assim como certas respostas dadas em suas últimas entrevistas, levam-nos a crer que um novo deslocamento estava em curso. A *Aula* pertence, fundamentalmente, à quarta fase ("moralidade"), mas ela anuncia, topicamente, posições ligeiramente diversas daquelas expressas nas duas obras que ele atribui a essa fase: *O prazer do texto* (1973) e *Roland Barthes por Roland Barthes* (1975). Antes de assinalar, na *Aula*, os pontos que teriam sofrido um deslocamento, releiamos algumas declarações de Barthes que são contemporâneas desse texto magistral.

Numa entrevista publicada em *Art Press*, em 1977, ele reafirmava sua "tática de deslocamento": "A função do intelectual é a de ir sempre para outro lugar, quando uma coisa 'pega'" (*GV*, p. 264). E dois anos depois, numa entrevista concedida à revista *Lire*, ele indica a direção que estava tomando. Depois de declarar seu gosto clássico, enquanto leitor, ele exprime dúvidas "éticas" com respeito a posições assumidas por ele mesmo em suas duas últimas fases, inclusive na fase "moralidade": "Devemos lutar para fazer caducar o sentido, destruí-lo [...]? A esse respeito, digo que as respostas só podem ser táticas, e que isso depende da maneira como nós mesmos julgamos o ponto da história a que chegamos, e o combate que devemos travar." E ele explicita seu ponto de vista pessoal: "Creio que chegou talvez o momento de lutar menos, de militar menos pelos textos, de recuar um pouco. Taticamente, tenho em

---

* Tradução de "Leçon: Testament and Prophecy", comunicação apresentada no colóquio "Back to Barthes: Twenty Years After", no Whitman Humanities Center da Yale University, em dezembro de 2000. Publicada em *The Yale Journal of Criticism*, outono 2001, vol. 14, n.º 2, pp. 463-8.

vista um leve recuo: desconstruir menos os textos e apostar mais na legibilidade" (*GV*, p. 310). Um pouco depois, ele afirma: "Mudei o alcance tático de minha prática" (*GV*, p. 312).

Ora, na *Aula*, esse deslocamento tático não é anunciado, é praticado. A *Aula* provocou fortes reações, sobretudo devido à declaração de que "a língua é fascista". O que não foi suficientemente notado é que esse preâmbulo provocador, sobre o poder "emboscado" na língua, preparava, em seu discurso, a aparição e a definição de uma palavra que ele mesmo havia desvalorizado nas fases anteriores. Essa palavra, colocada no momento mais jubilatório da *Aula*, é "literatura": "Essa trapaça salutar, essa esquiva, esse logro magnífico que permite ouvir a língua fora do poder, no esplendor de uma revolução permanente da linguagem, eu a chamo, quanto a mim: *literatura*" (*L*, p. 16).

A recuperação da palavra "literatura" é rica como significação e como sugestão. Essa recuperação é pelo menos surpreendente para os que se lembram das declarações de Barthes em plena fase "textual". Em 1973, por exemplo, respondendo a uma pergunta sobre literatura, ele dizia: "Uma vez mais só aceito essa palavra sob benefício de inventário; eu preferiria falar de *escritura*, ou então, de *textos*."[1] Ora, na *Aula* ele declara que, já que se trata da "prática de escrever", vai utilizar indiferentemente "literatura", "escritura" e "textos". Se examinarmos, porém, o discurso total da *Aula*, veremos que, dessas três palavras, a que ocupa o lugar de honra é "literatura". "Literatura" aí aparece vinte vezes, "escritura" oito vezes e "Texto", no sentido forte do termo (assinalado pelo emprego da maiúscula), apenas três vezes. Por outro lado, o adjetivo "literário" é usado quatro vezes, enquanto "escritural" ou "textual" não figuram aí nem uma vez.

A recuperação e mesmo a celebração da palavra "literatura" têm um alcance tático que decorre da constatação do estado dos estudos literários naquele momento. A *Aula* se coloca à luz dessa constatação, já que, desde a introdução, ele faz referência ao momento presente, "momento em que o ensino das letras está dilacerado até o cansaço entre as pressões da demanda tecnocrática e o desejo revolucionário de seus estudantes" (*L*, p. 10). Na sequência, ele reafirmará, redefinindo-as, as três forças da literatura: *máthesis*, *mímesis*, *semeíosis* (saber, representação e simbolização).

Cada uma dessas forças é analisada de maneira se não nova, pelo menos deslocada com relação às fases anteriores. Enquanto em 1975 ele afirmava que "no momento presente [...] a 'literatura' [pinçada

---

1. Roland Barthes e Maurice Nadeau, *Sur la littérature*. Grenoble, PUG, 1980, p. 9.

entre aspas], o texto não podem mais coincidir com essa função de *máthesis*" (*GV*, p. 225), na *Aula* ele dirá: "Se, por não sei que excesso de socialismo ou de barbárie, todas as nossas disciplinas devessem ser expulsas do ensino, exceto uma, é a disciplina literária que deveria ser salva, pois todas as ciências estão presentes no monumento literário" (*L*, p. 18).

O conceito de *mímesis* também sofre uma mudança. No ensaio "O efeito de real" (1968), ele propunha que se esvaziasse o signo e se contestasse, "de modo radical, a estética secular da representação" (*BL*, p. 174). Na *Aula*, embora continue a rejeitar toda forma de representação realista, ele afirma "a força de representação" própria da literatura, diz que esta "nunca tem senão o real como objeto de desejo" e atribui-lhe a "função utópica" de "captar a própria luminosidade do real".

A *semeíosis*, por sua vez, é redefinida na *Aula* como "gozo do signo imaginário". Ora, em *O prazer do texto*, o *gozo* (associado à perda do *eu*) era reservado aos "textos de escritura", enquanto o *prazer* (consistência do *eu*) estava ligado à "leitura confortável dos textos antigos" (*PT*, p. 25). Ele reconhecia, então, a ambiguidade dessa oposição; na *Aula*, ele a desfaz, propondo "a volta ao texto, antigo ou moderno" (*L*, p. 35). E justifica: "Esse gozo do signo imaginário é concebível hoje, em função de certas mutações recentes que afetam mais a cultura do que a própria sociedade: uma situação nova modifica a imagem que podemos conceber das forças da literatura de que falei" (*L*, p. 40).

O que caracterizaria essa nova situação? Barthes dá algumas pistas: o fim do "mito do grande escritor", "a crise do ensino" e a dessacralização da literatura. E o balanço final é o seguinte: "Não é, por assim dizer, que a literatura esteja destruída; é que *ela não está mais guardada*: é pois o momento de ir a ela." Podemos, diz ele, "desembarcar numa paisagem livre por abandono", e "o olhar pode então se voltar, não sem perversidade, para as coisas antigas e belas cujo significado é abstrato, perempto" (*L*, p. 41).

Se compararmos essa postura com a que ele assumia no combate pela escritura e textualidade contemporâneas, veremos uma mutação considerável. No debate com Maurice Nadeau, acima referido, ele falava do fim da "literatura" num tom desapegado: "a literatura caminha para sua perda". E assinalava, sem mais, "o abandono de certo modo nacional e social da grande literatura e de seu mito". Essas constatações e previsões são transformadas, na *Aula*, em alegre exortação: a literatura está abandonada? Então, vamos a ela.

As razões que o levam a esse elogio das forças da literatura, e de seu ensino *como tal*, parecem hoje proféticas. A primeira dessas razões é sua permanente recusa de uma leitura ideológica dos textos literários, contra a qual ele argumenta ao longo da *Aula*. A segunda razão, correlata, vem de sua experiência de Maio de 1968, quando foi censurado por não ir às ruas. Segundo Barthes, viu-se então a formação de "grupos de pressão e de opressão", cada um "entoando em seu próprio nome o próprio discurso do poder" (*L*, p. 33). Leia-se, no texto: "Vimos, assim, a maior parte das liberações postuladas, a da sociedade, da cultura, da arte, da sexualidade, enunciarem-se sob as espécies de um discurso de poder: glorificavam-se de fazer aparecer o que fora esmagado, sem ver o que, assim, esmagavam alhures" (*L*, p. 34). Podemos, pois, presumir o que Barthes teria pensado do "politicamente correto" e de sua aplicação aos textos literários, após sua morte.

À luz desses deslocamentos sutis da *Aula*, podemos compreender os dois verbos que, de certa maneira, resumem a proposta desse discurso. Esses verbos são "abjurar" e "teimar". A abjuração sempre foi praticada por ele, ao passar de uma fase a outra: ele abjurou, uma após outra, a decifração política dos mitos, a ciência semiológica e a textualidade, como discursos que haviam "colado", que tinham se transformado em *doxas*. "Teimar", porém, é uma palavra nova em seu discurso. E a que tipo de teimosia ele se refere na *Aula*? Ele não poderia ter sido mais claro: "*Teimar* quer dizer afirmar o Irredutível da literatura: aquilo que, nela, resiste e sobrevive aos discursos tipificados que a cercam: as filosofias, as ciências, as psicologias; agir como se ela fosse incomparável e imortal" (*L*, pp. 25-6).

A longa discussão com o Sartre de "O que é a literatura?", iniciada em *O grau zero da escrita*, encontrou, nessa afirmação da *Aula*, sua palavra final, não porque ela se colocasse como final, mas porque a morte de Barthes, pouco tempo depois, deixou-a definitivamente consignada. O célebre texto de Sartre terminava com a afirmação: "Nada nos assegura de que a literatura seja imortal." Assumindo teimosamente o contrário, Barthes estaria voltando atrás, a uma posição conservadora anterior ao momento de Sartre? De modo algum. Trata-se de uma resistência tática, afinal semelhante à de Sartre, que dava à sua afirmação uma função de aviso quanto aos riscos que ameaçariam um mundo sem literatura.

A defesa da literatura por Barthes, quase trinta anos após o ensaio de Sartre, se coloca num momento em que a depreciação da instituição literária começava a ameaçar o próprio ensino da literatura. Tratava-se então, para ele, de "desmontar" um discurso que se tornara dominante e de desmontar, ao mesmo tempo, sua própria imagem anterior, que já se transformara em "batata frita" (*BL*, p. 394).

No texto da *Aula*, ele procede segundo sua tática habitual: "faço deslizar as palavras" (*BL*, p. 398). Assim, ele aí faz deslizar o sentido da palavra "literatura", mas "em outra volta da espiral", emprestando-lhe o amor que se tem pelas coisas perdidas ou em perigo, sem ceder, porém, à nostalgia ou à melancolia, que são por sua vez desmontadas pela autoironia e pelo tom levemente provocador. A exibição pública de uma postura fora de moda, na defesa da literatura, ironizada pela expressão "agir como se", torna de repente *démodée* a militância pelo Texto.

Outras falas de Barthes, contemporâneas ou imediatamente posteriores à *Aula*, confirmam esse *parti-pris* final em favor da literatura, numa acepção se não clássica, pelo menos de longa duração. A respeito do "Ilegível", por exemplo, ele declara:

> Pouco a pouco se afirma, em mim, um desejo crescente de legibilidade. Desejo que os textos que recebo sejam "legíveis", desejo que os textos que escrevo sejam, eles mesmos, "legíveis" [...]. É preciso dosar as elipses, as metáforas também; uma escrita continuamente metafórica me cansa. Uma ideia extravagante me vem (extravagante por ser humanista): "Nunca se dirá suficientemente o quanto de amor pelo outro (o leitor) há no trabalho da frase" (*BL*, p. 396).

Os leitores de Barthes sabem que, durante pelo menos uma década, ele militou por uma escritura radicalmente moderna e reputada como ilegível. De vez em quando, porém, ele reconhecia que, por sua geração e seus gostos, estava a cavalo entre o classicismo e a modernidade. Tudo indica que, no fim de sua vida, ele assumiu a opção de um prazer literário mais conforme a seu temperamento, amoroso e amável, do que o gozo violento do texto de vanguarda. Num fragmento de *Délibération*, datado de 1977, ele anotou:

> A literatura tem, sobre mim, um efeito de verdade muito mais violento do que a religião. Isso quer dizer, simplesmente, que ela é, para mim, como a religião. E no entanto, na *Quinzaine Littéraire*, Lacassin declara peremptoriamente: "A literatura não existe mais, a não ser nos manuais." Eis-me negado, em nome da... história em quadrinhos (*BL*, p. 391).

E, no fim desse mesmo fragmento, ele declara: "De repente, tornou-se indiferente, para mim, não ser moderno" (*BL*, p. 408).

Sobre a prática do "diário íntimo", ele delibera: "Praticando exageradamente uma forma antiquada de escrita, não estarei dizendo que amo a literatura, que a amo de modo dilacerante, no próprio momento em que ela fenece? Amo-a, portanto imito-a – mas precisamente: não sem complexo" (*BL*, p. 412). Esse "complexo" tinha por causa a obrigação de ser moderno e procedia do mesmo tipo de "culpabilidade" criado pelos discursos de poder que ele rejeita na *Aula*. Entretanto, numa de suas últimas entrevistas, ele declara, sem complexo: "Minha subjetividade pede esse classicismo. E, se eu escrevesse uma obra, eu a dotaria de uma aparência clássica muito forte. Eu não seria de vanguarda, no sentido corrente da expressão" (*GV*, p. 310).

Como mensagem final, a *Aula* reafirma aquilo que, ao longo de toda a obra de Barthes, nunca mudou: a convicção de que o trabalho do escritor se efetua *na* linguagem e de que o do intelectual, crítico ou professor deve efetuar-se *sobre* a linguagem, segundo uma moral que não é a dos conteúdos, mas da forma: "É no interior da língua que a língua deve ser combatida, desviada: não pela mensagem de que ela é instrumento, mas pelo jogo de palavras de que ela é o teatro" (*L*, pp. 16-7). O método escolhido por ele também não mudou, das *Mitologias* até a *Aula*: "O método não pode exercer-se senão sobre a própria linguagem, na medida em que esta luta para desarmar todo discurso *que pega*" (*L*, p. 41).

Se nós, literários, queremos ainda ouvir a lição de Barthes, devemos nos manter atentos às "forças de liberdade que existem na literatura" (*L*, p. 17), fiéis a "certa ética da linguagem literária" (*L*, p. 24) e, como ele, teimar. Isto é: "manter, diante de e contra tudo, a força de uma deriva e de uma espera" (*L*, p. 26).

APRESENTAÇÕES DA "COLEÇÃO ROLAND BARTHES"*

Inéditos 1 – TEORIA[1]

Com este volume dedicado à Teoria iniciamos a publicação dos textos inéditos de Roland Barthes. São textos que se encontravam dispersos em revistas, jornais, publicações estrangeiras de difícil acesso. São resenhas, prefácios ou verbetes de enciclopédia que só agora, mais de vinte anos após o desaparecimento do autor, foram coligidos nas *Obras completas* em cinco volumes[2].

Através desses textos, apresentados em ordem cronológica, podemos ver claramente o percurso percorrido por Barthes como escritor, teórico e crítico. As sucessivas etapas, marcadas pela publicação de seus livros mais importantes, aparecem nitidamente, nesses artigos breves e às vezes circunstanciais, que funcionam como o contraponto ou o suplemento desses livros. Alguns desses textos são extremamente importantes para o esclarecimento de seu pensamento. É o caso dos mais alentados deles, como os verbetes "Texto (Teoria do)" e "Variações sobre a escrita", ambos de 1973. Outros são preciosos complementos, como "Sobre a teoria", entrevista de 1970 sobre *S/Z*, e o "Suplemento" ao *Prazer do texto*, de 1973. "Variações sobre a escrita" constitui quase um livro, por sua extensão e por ser uma história da escrita, desde as mais antigas, como a escrita suméria, até os grafites dos muros modernos, desde o grafismo mais elementar até os ideogramas orientais.

Reunidos aqui, esses textos revelam tanto as mutações de Barthes ao longo dos anos (seus "deslocamentos", como ele preferia dizer) quanto seus temas permanentes e recorrentes. Alguns já preocupavam o jovem autor das *Mitologias* e do *Grau zero da escrita*, nos anos 1950, e continuaram sendo objeto de suas reflexões, até serem sintetizados na aula inaugural do Collège de France e desenvolvidos em seus quatro últimos cursos, de 1977 a 1980, ano de seu falecimento.

---

* Os textos foram aqui levemente alterados, para se adequarem a este livro e evitar repetições.
1. Roland Barthes, *Inéditos*, vol. 1 – *Teoria*. Trad. Ivone C. Benedetti. São Paulo: Martins Fontes, 2004.
2. *Oeuvres complètes – Livres, textes, entretiens*, org. Éric Marty. Paris: Seuil, 2002.

Os primeiros textos aqui reunidos, datados de 1947 a 1959, revelam um Barthes fortemente politizado, ancorado na sociologia. O primeiro deles, "Responsabilidade da gramática", é a reivindicação política de uma língua francesa mais livre das injunções de classe, mantidas pela gramática normativa desde o século XVII. São do mesmo teor libertário suas considerações em "Obra de massa e explicação de texto", de 1963, em que ele recomenda aos professores uma dessacralização das obras e uma abertura para uma modernidade que é a dos alunos; ou em "Cultura de massa e cultura superior" (1965), em que ele critica a divisão da sociedade e o paradigma maioria/minoria. Em "Estudos de motivação", de 1961, ele trata de modo inovador as pesquisas sobre a comunicação de massa e sugere que se levem ao exame da publicidade as reflexões teóricas das ciências sociais. Esses textos críticos e irreverentes com relação ao ensino tradicional mostram sua abertura de espírito e a coragem de formular novas propostas, características que o acompanhariam até a morte.

Em "Pequena sociologia do romance francês contemporâneo", de 1955, Barthes faz uma análise dos diferentes tipos de romance e dos públicos correspondentes a eles, do *best-seller* até o romance experimental que era, naquele momento, o que se convencionou chamar de *nouveau roman*. Os diversos tipos de romance revelam, segundo ele, "a separação lamentável das classes". Suas críticas mais acerbas incidem sobre o "romance burguês", que, sendo escrito e lido por uma classe culta, representa um verdadeiro "envenenamento" do leitor, pelo fato de espelhar a sociedade de modo tranquilizador e apresentar esse retrato como sendo natural e universal. Ouvimos aí os ecos das análises ideológicas efetuadas em *Mitologias* (1957). Barthes defende os romances que transformam o leitor, "obras surpreendentes" que, infelizmente, encontram poucos leitores. Sendo a sociabilidade o "fundamento ontológico do ato literário", as dificuldades de recepção dos romances inventivos revelam a "alienação da sociedade" e produzem este paradoxo: os melhores escritores têm de *fingir* que escrevem para outrem.

Em meados dos anos 1950, Barthes assinala o aparecimento de novos tipos de crítica (em "Algo novo na crítica"). Comentando a obra de J. P. Richard, ele coloca algumas de suas ideias mestras a respeito da literatura e da crítica, que serão plenamente desenvolvidas na década seguinte, nos livros *Ensaios críticos* (1964) e *Crítica e verdade* (1966), período em que ele próprio será posto no centro do debate sobre a "nova crítica". Barthes aí afirma que a literatura não é discurso de ideias; é opacidade, deformação, "filosofia deformada". O que ele vê de novo e positivo em J. P. Richard é a superação da tradicional dicotomia fundo-forma, ou pensamento-estilo, pela revelação de uma "imaginação corporal" do escritor, guiado por uma "intencionalidade inconsciente". Vemos, nesse ponto, o surgimento de uma base teórica psicanalítica, acrescentada à base teórica marxista de seus escritos anteriores. Nesse sentido, é revelador que ele elogie a crítica praticada por L. Goldmann, "crítica histórica" que define "de modo rigorosamente materialista" o elo que une a História à consciência corporal do escritor, mas proponha uma conciliação desta com a crítica psicológica. Para sugerir a possibilidade dessa fusão, diz que J. P. Richard "coloca o imaginário de alguns escritores ao alcance da História" e que, explorando "consciências corporais", ele historifica a própria consciência do escritor estudado, mostrando "a duração do gosto pelo qual o corpo humano criou a literatura".

Ainda sobre a crítica é o artigo de 1959, "Novos caminhos da crítica literária na França", em que Barthes se mostra esperançoso diante de críticos como Bachelard, Goldmann, o Sartre de *Baudelaire*, G. Poulet e J. P. Richard. Mas registra um duplo malogro: a crítica histórica põe o autor entre parênteses, e a crítica psicanalítica nada diz da significação histórica. A tarefa da crítica atual, segundo ele, seria reconciliar essas tendências. "História", "ideologia" e "classes" continuam sendo palavras-chave para esse Barthes de fundamentação marxista, que já está flertando, porém, com a psicanálise e o que ela pode revelar de pessoal, de corporal, nos escritores. A união do marxismo com a psicanálise seria a busca fundamental, e dificilmente lograda, dos teóricos literários da década seguinte.

Em 1956, Barthes publica o artigo "Novos problemas do realismo". O "realismo", que concerne às possibilidades da linguagem na representação da realidade, continuará sendo, ao longo de sua vida intelectual, um de seus temas principais. Diz ele, aí, que "o realismo é uma ideia moral", na medida em que é uma escolha do escritor quanto ao modo de representar o real. Sua preferência se encaminha, desde então, para aqueles escritores que se recusam a espelhar a sociedade como ela deseja ser vista, que "desarranjam" essa imagem, rompendo o contrato com o público burguês: Baudelaire, Flaubert, Zola. Não por acaso, diz ele, esses três escritores sofreram processos judiciais. O "naturalismo" (no qual ele não inclui Zola) é por ele rejeitado, por se tratar de um "idealismo burguês às avessas", com pretensões a uma "objetividade científica" que não passa de um álibi.

O "realismo socialista" é ainda mais criticado, porque a ideia de "justeza política" contém o perigo do moralismo e porque esse tipo de realismo é "progressista na intenção e hiperburguês na forma, ao mesmo tempo realista e acadêmica". O contraponto do romance socialista seria o romance do "absurdo" e o *nouveau roman*. Haveria, pois, naquele momento, dois segmentos de realismo: um realismo socialista na estrutura e burguês na forma, contraposto a um realismo de superfície, livre na forma mas apolítico, portanto burguês na estrutura. Aqui, como no artigo anteriormente comentado, Barthes propõe a união desses dois segmentos para chegar a um "realismo total". O realismo seria, assim, um "mito provisório e necessário para despertar o escritor para uma literatura socialista total". Mais tarde, em 1976, ele dirá que a linguagem nunca é realista, porque entre o signo e o referente há a significação: "A linguagem refere-se à realidade, mas não a expressa" ("Respostas"). Essas considerações sobre o realismo literário encontrariam sua melhor formulação na aula inaugural do Collège de France, no ano seguinte.

Os anos 1960 marcam a entrada de Barthes numa nova fase, a fase semiológica. Nessa década e na seguinte, seus companheiros de reflexão serão os integrantes do grupo Tel Quel, igualmente fascinados pela descoberta da linguística de Saussure, pela semiótica russa e tcheca, pelo estruturalismo, que seria um desenvolvimento daquelas propostas. Vemos então surgir artigos que tratam de Lévi-Strauss, Jákobson e Bakhtin como sendo os novos inspiradores teóricos. Resultam dessa nova ótica a "Resposta a uma enquete sobre o estruturalismo" (1965) e a "Conversa em torno do estruturalismo" (1966), que coincidem com a publicação de seu livro *Elementos de semiologia*.

Naquela década, a linguística foi promovida a "ciência piloto" das ciências humanas, o que motiva o notável artigo de 1968, "Linguística e literatura". Ele aí observa que a crítica francesa esteve desde sempre voltada para os conteúdos e que o saber linguístico permitiria resolver alguns problemas da teoria literária, como a questão dos gêneros, que seriam então encarados como tipos de discurso, e a questão dos "textos ilegíveis", como os de Lautréamont e Roussel, inabordáveis pelo lado do conteúdo mas analisáveis em termos de discurso. Ao mesmo tempo que vemos, nesse texto, o entusiasmo de Barthes pela contribuição da linguística aos estudos literários, encontramos também aí as ressalvas e as precauções que anunciam o abandono do estruturalismo por ele, na década de 1970. Já aí ele dizia que não se devia ser incondicionalmente fiel à linguística, nem praticar uma "interdisciplinaridade" convencional, porque, ao praticar essas duas disciplinas, o importante seria subverter a imagem que temos da linguística e da literatura. E conclui profeticamente: "O texto fará caducar a linguística, assim como a linguística está fazendo caducar a obra." No mesmo espírito, na "Conversa em torno do estruturalismo", de 1966, ele manifestava o receio de que a ciência se fetichizasse. O estruturalismo, dizia ele, quer "desfetichizar" os saberes antigos. Mas, se ele "pegar", se fetichizará. Como foi o que realmente aconteceu, Barthes deslocou-se do estruturalismo e da semiologia para a fase seguinte.

É o surgimento da "teoria do texto" ou "teoria da escritura" que ocuparia intensamente Barthes e o grupo Tel Quel no início dos anos 1970. O "texto escritural" de vanguarda substituiria a velha "literatura".

Importante, nesse período, foi a contribuição de Jacques Derrida aos debates, na medida em que o filósofo, também próximo do grupo Tel Quel naquele momento, jogou água fria nos entusiasmos linguísticos e semiológicos, mostrando o idealismo do signo saussuriano e das práticas decorrentes. O que foi reconhecido por Barthes em 1972, na "Carta a Jean Ristat" acerca de um número de revista dedicado a Derrida[3].

A reflexão sobre o sujeito da nova escritura, sobre a intertextualidade (de Bakhtin a Kristeva), e a já antiga reivindicação do corpo do escritor na escrita desembocariam em *O prazer do texto*, de 1973, verdadeira ruptura de Barthes com o projeto semiológico anterior, chamado por ele, mais tarde, de "delírio científico". Da mesma forma com *S/Z*, em 1970, ele rompera com a "análise estrutural das narrativas", defendida por ele mesmo em plena euforia semiológica, e propusera um novo tipo de análise, mais fina e mais aberta à história cultural do que as análises mecânicas e pretensamente universais da fase estruturalista.

Um tema recorrente, que atravessa todas as fases de Barthes, é o que concerne a uma teoria da leitura. Algumas propostas para que se estudem as obras não apenas do ângulo do autor, mas também do ângulo do leitor, encontram-se aqui teorizadas. Em "Por uma teoria da leitura", de 1972, ele situa a leitura como um problema de interdisciplinaridade dialética, e em uma entrevista de 1976, "Respostas", retoma o tema do leitor, concebido como artista amador e, de certa forma, coautor da obra. Surge então, com mais força, o tema do prazer, na medida em que ele considera a leitura como uma atividade "perversa", análoga à escritura, "prática corporal de gozo" ("Escrever", artigo do mesmo ano).

Nos textos finais, como "Encontro com Roland Barthes", de 1979, ele responde sobre seu interesse pelas culturas orientais. De fato, além de ter escrito um livro magnífico sobre o Japão (*O império dos signos*, 1970[4]), naquele ano ele estava ministrando um curso sobre o haicai japonês, forma de anotação breve, concreta e definitiva que ele via com admiração. Como resposta ao entrevistador, Barthes diz: "O que consi-

---
3. A esse respeito, ver adiante o capítulo "Barthes e Derrida".
4. Roland Barthes, *O império dos signos*. Trad. Leyla Perrone-Moisés. São Paulo: Martins Fontes, 2007.

go perceber, por reflexos muito distantes, do pensamento oriental, me permite respirar." Porque o pensamento oriental, que ele não pretendia conhecer em profundidade, fornecia-lhe "fantasias pessoais de suavidade, repouso, paz, ausência de agressividade". Esse é o Barthes final, que continuava tendo como inimigos a combater o senso comum (a *doxa*), a arrogância intelectual, o dogmatismo científico ou político e, como objetivos a alcançar, a "palavra calma", a prática do Neutro[5] e o prazer do texto. O texto deixara então de ser, para ele, apenas o texto de vanguarda, experimental e desestabilizador do sujeito, para englobar toda a grande literatura do passado, que ele amava com paixão, no próprio momento em que a sentia ameaçada de desaparecimento.

A teoria barthesiana é, portanto, uma teoria mutante, que evolui e se transforma ao longo dos anos. Por isso é impróprio chamar Barthes de crítico marxista sociológico ou de semiólogo, porque essas denominações corresponderiam apenas a determinadas fases de sua carreira. Embora sempre em transformação, o teórico Barthes conservou as lições das fases abandonadas. Mesmo sendo cada vez mais avesso ao dogmatismo marxista, a fundamentação principal de sua teoria será sempre ética e politicamente de esquerda. E, apesar de ter abandonado os esquemas rígidos do estruturalismo, suas análises aproveitarão sempre, numa primeira abordagem dos textos, os princípios ordenadores da análise estrutural. Presença constante em seus textos, dos primeiros até os últimos, são as palavras "história" e "crítica", que ele tentará, incansavelmente, aliar às palavras "corpo", "desejo" e, sobretudo, "prazer". Na ausência do prazer, nem a escrita, nem a leitura encontrariam qualquer justificativa teórica.

Inéditos 2 – CRÍTICA[6]

Neste segundo volume de *Inéditos*, dedicado à *Crítica*, estão reunidos anotações, artigos e prefácios que não foram incluídos nos *Ensaios críticos*, nem em qualquer outro livro de Barthes. A leitura desses textos esparsos será mais proveitosa se nos lembrarmos de que eles constituem a fímbria de sua obra, pequenos textos concomitantes com a publicação de suas obras maiores. Nos assuntos aí tratados vemos ora a preparação, ora o complemento de reflexões mais vastas.

---
5. Ver o curso *O neutro*. Trad. Ivone C. Benedetti. São Paulo: Martins Fontes, 2003.
6. Roland Barthes, *Inéditos*, vol. 1 – *Teoria*. Trad. Ivone C. Benedetti. São Paulo: Martins Fontes, 2004.

O volume se abre com notas redigidas por Barthes em sua juventude, publicadas no jornal do sanatório em que se achava internado para tratamento de tuberculose. O primeiro, sobre André Gide e seu *Diário*, ganha uma importância retrospectiva quando verificamos que Gide foi para Barthes, desde cedo, um modelo de escritor, modelo ao qual ele voltará em vários momentos de sua obra futura. Tanto Gide como o gênero "diário" serão assuntos estudados em seus últimos cursos, quatro décadas mais tarde (Gide em *Como viver junto*[7], o "diário" em *A preparação do romance I e II*[8]).

Os artigos sobre Jean Cayrol e Albert Camus preparam o crítico para as reflexões sobre a literatura "objetiva", que ele desenvolverá em seu primeiro livro, *O grau zero da escrita* (1953). O *nouveau roman*, representado aqui por um texto sobre Alain Robbe-Grillet, mereceu sua atenção durante toda a década de 1950. Já no fim da época do *nouveau roman*, em 1961, quando Robbe-Grillet troca o romance pelo cinema, Barthes observa que a obra cinematográfica do escritor se anuncia como menos inovadora do que sua obra romanesca. Os filmes posteriores de Robbe-Grillet mostraram que essa previsão era correta.

Depois de publicado seu primeiro livro, Barthes escreveu vários artigos para boletins de "clubes do livro", acerca de autores consagrados da tradição francesa: Zola, Maupassant, Hugo, Stendhal. Lendo esses textos, podemos ver que, embora dirigindo-se aí a um público não especializado e escrevendo num estilo muito claro, Barthes emite sempre opiniões originais e chama a atenção do leitor para aspectos novos das obras antigas.

Na década de 1960, já reconhecido por seu livro *Michelet* e pelas crônicas mordazes reunidas em *Mitologias*, Barthes torna-se ainda mais conhecido devido à polêmica da "nova crítica", provocada por seu livro *Sobre Racine*, condenado por um representante da "velha crítica" da Sorbonne, Raymond Picard. As reflexões sobre a crítica literária ocupam então grande parte de sua obra (*Crítica e verdade*, 1966) e levam--no a opinar sobre livros de outros críticos. Veja-se "As duas sociologias do romance", nesse volume.

Os dois prefácios redigidos para a *Encyclopédie Bordas*, em 1970 e em 1976, assim como aquele destinado ao volume *Littérature occidentale*, de 1976, trazem a marca do crítico-escritor maduro, que fala

---

7. Roland Barthes, *Como viver junto*. Trad. Leyla Perrone-Moisés. São Paulo: Martins Fontes, 2003.
8. Roland Barthes, *A preparação do romance I e II*. Trad. Leyla Perrone-Moisés. São Paulo: Martins Fontes, 2005.

com segurança e contida emoção daquela que foi a paixão maior de sua vida: a literatura. Eximindo-se de dar uma definição da literatura, impossível fora de uma história através da qual ela se transforma, e considerando que, por essa mesma razão, nunca poderá haver uma "ciência" literária, Barthes deixa nesses prefácios algumas formulações luminosas, como esta: "Se a literatura resiste ao saber – quer porque ela o excede, quer porque ela o decepciona –, é sem dúvida por uma razão lógica muito simples: a literatura é ela mesma um saber." O desenvolvimento definitivo desse tema aparecerá em 1977, na aula inaugural no Collège de France, centrada no elogio da literatura.

Dois artigos acerca de Proust evidenciam a presença constante, em sua vida, do escritor de *Em busca do tempo perdido*, ao qual ele dedicará boa parte de seu último curso, *A preparação do romance*. Proust foi, para Barthes, o homem que escreveu o último grande romance ocidental e o escritor que ele desejaria ter sido. Ao ser atropelado, em fevereiro de 1980, no acidente que ocasionou sua morte, Barthes estava se dirigindo ao Collège de France, para preparar uma sessão em que ele projetaria fotografias de pessoas que inspiraram as personagens proustianas.

O último texto desta coletânea, "Masculino, feminino, neutro", datado de 1967, é o primeiro esboço da notável análise que ele publicará, em 1976, da novela *Sarrasine* de Balzac (no livro *S/Z*). Esse texto preparatório será de grande utilidade para os leitores que desejarem empreender a leitura de *S/Z*, ou para aqueles que tenham encontrado alguma dificuldade em acompanhar os intrincados meandros desse livro, o qual propõe um tipo de análise absolutamente novo, já "pós-estruturalista".

Assim, se estes textos críticos inéditos não representam todos o melhor da produção de Barthes, que se encontra em seus livros, têm entretanto o interesse de iluminar de viés os grandes temas que o ocuparam. Ler Barthes, mesmo em seus textos "menores", é sempre uma festa para a inteligência.

Inéditos 3 – IMAGEM E MODA[9]

Roland Barthes não foi apenas um especialista da linguagem verbal, escrita ou lida. Desde o início de sua obra, e durante o decurso da

---

9. Roland Barthes, *Inéditos*, vol. 3 – *Imagem e moda*. Trad. Ivone C. Benedetti. São Paulo: Martins Fontes, 2005.

mesma, interessou-lhe sempre a linguagem visual. Decifrador de textos, ele foi também um admirável esmiuçador de imagens, fossem elas as da pintura, da publicidade, da fotografia ou do cinema. Pintor amador bastante talentoso (vejam-se as capas desta coleção), seu olhar era o de um artista. Seus textos mais importantes sobre a retórica da imagem e sobre a pintura foram reunidos, postumamente, no volume intitulado *O óbvio e o obtuso*. Mas vários outros textos dedicados à imagem ficaram dispersos em publicações menores, e são estes que coligimos neste volume.

Em todos os ensaios sobre a imagem, nota-se que, para Barthes, não há diferença entre ver e ler. Sejam elas da pintura, da fotografia ou do cinema, as imagens são analisadas como "textos", isto é, sistemas significantes cuja "leitura" não é apenas técnica, mas também intensamente emotiva. Num artigo tardio sobre a fotografia, ele diz que ela "é um Texto, isto é, uma meditação complexa, extremamente complexa sobre o sentido".

Os artigos aqui reunidos mostram que a imagem, em seus diferentes suportes, lhe interessou desde muito cedo. Em 1947, convalescendo em Paris de uma recidiva da tuberculose, ele comenta as tapeçarias românticas de Lurçat e as expressionistas de Gromaire, num imprevisto cotejo com os móbiles de Calder. Em poucas linhas, ele define a obra deste último com uma exatidão e uma sensibilidade excepcionais.

Os textos sobre o cinema não são muito numerosos e nem sempre relativos a filmes importantes. O jovem Barthes era muito mais apegado ao teatro, cuja crítica exerceu de forma militante, do que ao cinema, ao qual foi menos fiel ao longo da vida. O filme que ele apreciava particularmente era *Uma noite na ópera*, dos irmãos Marx, "verdadeiro tesouro textual" do qual, segundo ele, podiam ser extraídas metáforas para seus próprios textos críticos (ver *Roland Barthes por Roland Barthes*). Na década de 1960, dentro do grande projeto da semiologia, que pretendia submeter todos os sistemas significantes ao modelo da linguagem verbal, ele teorizou a narrativa fílmica com uma terminologia linguística ("O problema da significação no cinema", "As unidades traumáticas no cinema").

A exceção qualitativa é sua crítica ao filme *Salo*, de Pasolini, na qual ele objeta que a associação de Sade ao fascismo é um erro grosseiro e que, apesar desse engano de base, o filme consegue incomodar a todos, tornando-se, finalmente, sadiano e sádico. Por temperamento e atitude ética-estética, Barthes se sentia muito mais próximo de Antonioni, cuja obra ele louvará, duas décadas mais tarde (1980), pela sutileza das imagens e pela abertura do sentido, num tempo difícil para os artistas ("Meu caro Antonioni...").

Na apresentação de um número da revista *Communications* tendo por tema "A civilização da imagem" (1961), Barthes registra um mal-estar geral no estudo dos efeitos das imagens onipresentes na sociedade moderna, cuja crítica considera necessária, e previne contra um uso superficial e metafórico de palavras como *signo* e *significação*, que naquele momento começavam a ser usadas de modo indiscriminado. Sobre a publicidade, ele escreveu, em 1963, "A mensagem publicitária", que se encontra no livro *A aventura semiológica*. E, na mesma época, uma análise antológica da campanha publicitária das massas Panzani, "Retórica da imagem", coligida em *O óbvio e o obtuso*. Os leitores encontrarão aqui um notável ensaio de 1968 sobre o mesmo tema ("Sociedade, imaginação, publicidade"), escrito para uma publicação da Radiotelevisão italiana, mantido inédito em francês até a edição de suas *Obras completas*, na década de 1990, e traduzido em português pela primeira vez neste volume.

O interesse pelo aspecto visual da cultura japonesa, que ele chamou, num livro, de *O império dos signos* (1971), levou-o a dar uma entrevista sobre o teatro e o cinema nipônicos ("Japão: arte de viver, arte dos signos") e a redigir a apresentação de uma exposição sobre o espaço/tempo no Japão ("O intervalo"). Ambos estão aqui traduzidos.

Já no último período de sua vida, multiplicam-se os textos sobre a fotografia, que o fascina cada vez mais. Assim, ele comenta as fotos de Richard Avedon, Daniel Boudinet, Bernard Faucon e Lucien Clergue, como preparação ou complemento ao livro derradeiro e definitivo, *A câmara clara* (1980), referência indispensável para os fotógrafos profissionais ou amadores. A dedicatória desse livro mostra quanto todos os seus trabalhos sobre a imagem devem à obra de Sartre, *L'imaginaire*.

Os textos sobre a moda são, a bem dizer, menos interessantes. Os mais antigos pertencem à história e à sociologia da moda. São textos informativos e pouco originais. Aqueles dos anos 1960, atrelados ao projeto maior de uma tese semiológica jamais defendida (*Sistema da moda*), contêm análises apegadas a um sistema classificatório bastante árido. Tem-se a nítida impressão de que o aparato teórico esmaga o tema, e as observações mais instigantes se perdem nas malhas de formalização. No fim de sua vida, Barthes renegava esses trabalhos como tediosos. Entretanto, o artigo "O duelo Chanel-Courrèges", escrito em 1967 para a revista *Marie Claire*, é muito mais solto e coloca a moda "como um objeto verdadeiramente poético". De qualquer maneira, ele deu à moda um *status* de assunto nobre, universitário, que não lhe era concedido até então.

APRESENTAÇÕES DA "COLEÇÃO ROLAND BARTHES"   153

Inéditos 4 – POLÍTICA[10]

Em 1975, Roland Barthes se autodefinia como "um mau sujeito político", por ter uma percepção prioritariamente estética dos fenômenos (*Roland Barthes por Roland Barthes*). Entretanto, a política sempre esteve presente em suas preocupações: "Durante toda a minha vida, politicamente, atormentei-me. Induzo daí que o único Pai que conheci (que me deu) foi o Pai político" (idem). De fato, desde seus primeiros artigos, passando pelo engajamento literário de *O grau zero da escrita* (1953) e pela crítica social de *Mitologias* (1957), até sua última fase, a paixão política persistiu, mas já então em conflito com certo desgosto pelo *discurso* militante. Daí outra autodefinição, inserida num fragmento intitulado "Reprimenda de Brecht a RB": "um sujeito político *sensível, ávido* e *silencioso*" (idem).

A publicação de suas *Obras completas*, a partir de 1995, permitiu-nos verificar que seus textos de teor político foram suficientemente numerosos para justificar uma coletânea como esta que agora apresentamos ao público brasileiro. Se examinarmos as datas dos artigos e entrevistas contidos neste volume, veremos que a maior densidade de textos políticos se encontra entre 1950 e 1961, tornando-se estes mais raros a partir de então, até constituírem apenas breves manifestações no fim de sua vida.

As respostas a uma entrevista concedida a Jean Thibaudeau em 1971 (incluída neste volume) nos dão as chaves biográficas necessárias para entender esse percurso. Conta ele que, estando internado num sanatório suíço, de 1943 a 1946, em tratamento de uma recaída de tuberculose, não teve a experiência francesa da Ocupação. No fim de sua estada nesse sanatório, um amigo chamado Fournié, que era um militante trotskista retornado da deportação, o introduziu no marxismo. O que o seduzia em Fournié era "a inteligência e a força de suas análises, desprovidas porém de toda *excitação* política", o que lhe deu "uma ideia elevada da dialética marxista". Como o tempo no sanatório era pródigo em lazer, Barthes pôde então ler e discutir Marx e outros teóricos com esse amigo.

Ao deixar o sanatório no pós-guerra, ele foi influenciado, como muitos, pelo marxismo de Sartre, concebendo então o projeto de "engajar a forma literária". Desse projeto resultaram seus primeiros artigos no jornal *Combat*, dirigido por Maurice Nadeau (outro trotskista), que

10. Roland Barthes, *Inéditos*, vol. 4 – *Política*. Trad. Ivone C. Benedetti. São Paulo: Martins Fontes, 2005.

foram as sementes de seu primeiro livro, *O grau zero da escrita*. Também por estímulo de Nadeau, agora numa outra publicação, começou a escrever as crônicas que seriam mais tarde reunidas em *Mitologias*. Essas crônicas, humorísticas e ferinas, eram análises ideológicas dos "mitos" da cultura pequeno-burguesa da França.

Em 1954, a representação em Paris de *Mãe coragem*, de Brecht, pelo Berliner Ensemble, constituiu para ele uma revelação e ocasionou sua adesão definitiva àquele marxismo que se exprimia através da forma artística. "Um marxista refletindo sobre os *efeitos do signo* – coisa rara", diz ele na entrevista a Thibaudeau. Brecht tornou-se então, para Barthes, um modelo político e uma referência artística à qual ele seria fiel até o fim de sua vida.

Lendo os artigos aqui reunidos, podemos acompanhar a evolução das posições políticas de Barthes. Em "Escândalo do marxismo", de 1951, ele toma partido em favor dos dissidentes, contra a "impostura" do dogma moscovita. Em "Humanismo sem palavras", do mesmo ano, reflete sobre o racismo, afirmando aquilo que estaria na base de toda a sua obra futura: a denúncia do conceito de "natureza", caro aos conservadores, em prejuízo da história. Ele mostra como esse conceito está implícito no racismo e insiste na necessidade de "sair da ordem da falsa Natureza para integrar a ordem verdadeira da História".

Em "Escritores de esquerda", Barthes relativiza o engajamento direto e ostensivo, afirma que "um escritor pode ser de esquerda mesmo não dizendo que é" e ressalva "a literatura em sua solidão e em seu enigma, em pé diante do olhar verdadeiro da História". Já pressentimos aí a relutância em submeter a literatura à política, isto é, basear o julgamento das obras em seu conteúdo, ou nas declarações políticas dos autores, relutância que se acentuaria com o passar do tempo. Da mesma forma, em "Existe, sim, uma literatura de esquerda", de 1953, ele se opõe a que se negue a qualidade de escritores aos fascistas, defendendo a liberdade artística, e diz que a literatura de esquerda é questionamento, e não militância. Lembra o exemplo clássico de Balzac e afirma que a obra de Proust é progressista, "porque desmonta, sem nenhum recurso idealista, o comportamento de todo um grupo social". Separa a militância, como ação direta, da escrita literária. "O escritor", diz ele, "não luta por uma mudança de ministério [...] mas por uma transformação das condições externas e internas que determinam o indivíduo, seus pensamentos, sua moral."

Em "Senhores e escravos", ele resenha e elogia a obra de Gilberto Freyre, recém-traduzida por Roger Bastide, porque essa desfaz "a pavorosa mistificação que sempre constituiu o conceito de raça" e por ver nela qualidades que seriam cada vez mais as suas próprias, como escritor: "o senso obsessivo da substância, da matéria palpável, do objeto", algo que ele encontrara em Michelet e em todos os grandes historiadores. E conclui: "Introduzir a explicação no mito é o único modo eficaz de luta para o intelectual." Nisso consistiria todo o projeto de *Mitologias* e, de certa forma, o de toda a sua obra.

As *Mitologias* suscitaram a pergunta de um escritor da *Nouvelle Revue Française*: "o senhor é marxista?" A resposta é um primor de ironia. Em "Sou marxista?", ele observa que esse tipo de pergunta interessa aos macarthistas e que a posição política dos escritores transparece naquilo que escrevem. Assim sendo, ele diz que basta ler aquela revista para ver que ela é "perfeitamente reacionária". E termina por aconselhar ao indagador a leitura de Marx, para decidir se ele, Barthes, era ou não marxista.

A breve mas intensa polêmica com Camus, a respeito de *A peste*, mostra um Barthes surpreendentemente "militante". Tendo elogiado anteriormente *O estrangeiro*, ele é injusto para com Camus, que acabara de deixar o Partido Comunista e se encontrava politicamente isolado. O escritor já consagrado tenta argumentar com o crítico ainda pouco conhecido e lhe pergunta em nome do que ele considera a moral de *A peste* insuficiente. Barthes lhe responde de modo arrogante: "Em nome do materialismo histórico." Não por acaso, o Barthes maduro e avesso às arrogâncias linguageiras nunca mais mencionou esse episódio.

Na década seguinte, a grande questão política na França era a guerra colonial na Argélia. "Tricô em casa", apesar de seu título inocente, é uma "mitologia" de verve devastadora, tão engraçada quanto afiada em sua crítica política. Em "Sobre um emprego do verbo ser", ele usa seus conhecimentos linguísticos para analisar e criticar a frase "A Argélia é francesa". No entanto, em 1960, Barthes não quis assinar o "Manifesto dos 121" pela independência da Argélia. Em entrevista que me concedeu em 2001, Maurice Nadeau, um dos heroicos 121, disse-me que essa recusa de Barthes ocasionou um resfriamento definitivo da amizade entre ambos. Por que Barthes não assinou esse manifesto, já que sua posição anticolonialista estava clara em seus artigos? Talvez porque estava então numa situação que ele qualificou de "instabilidade profissional". Vários dos signatários do manifesto perderam seus empregos. Mas a razão principal pode ter sido sua ojeriza por toda manifestação retumbante, tendo já estabelecido, para si mesmo, que um "homem da linguagem" tinha a tarefa política de desmontar os mecanismos autoritários da mesma, uma tarefa mais subversiva do que revolucionária.

Em 1958, a Assembleia francesa deu plenos poderes ao General de Gaulle, para resolver o conflito na Argélia. Em 1959, quatro intelectuais, entre os quais Maurice Blanchot e André Breton, dirigiram publicamente cinco perguntas a seus pares acerca do governo do general. As perguntas revelavam que os inquiridores se opunham àquele governo. A resposta de Barthes, em "Sobre o regime do General de Gaulle", é muito reveladora. Ele analisa a "sacralização" do poder do general como um apego do povo francês a uma imagem do pai e, pior, à imagem do "homem forte", policial ou carrasco. Concorda com os autores da pergunta acerca da função do intelectual: "contestar perpetuamente as essências perpetuamente renascentes". Protesta, porém, contra o "caráter cominatório" das perguntas, destinadas, segundo ele, a "distinguir moralmente os escritores que responderem e os que não responderem", e declara sua descrença nos manifestos e abaixo-assinados, "armas parapolíticas extraídas da panóplia revolucionária". Diz que os intelectuais estão mal preparados para a reação política porque "há anos o câncer da militância política sufocou no intelectual a percepção do ideológico". E conclui propondo aos intelectuais de esquerda que "substituam o gesto pelo ato, o ato político pelo ato intelectual". Está cada vez mais clara sua convicção de que cabe aos intelectuais uma função de crítica, distinta da ação política direta. Seu ataque ao "câncer da militância" faz supor que, já naquela altura, ele era vítima de patrulhas ideológicas de seu próprio campo, a esquerda francesa.

Em "Sobre a crítica de esquerda", de 1960, ele aponta os "malefícios do jdanovismo" e substitui a palavra "engajamento" pela palavra "responsabilidade". O caminho a seguir, segundo ele, fora indicado por Brecht, "que nos ensinou a refletir sobre a responsabilidade política da forma". Por um paradoxo que ele qualifica de "astúcia da história", o artista deveria aproveitar a liberdade relativa que lhe é dada na sociedade burguesa para assumir plenamente sua responsabilidade política. A expressão "responsabilidade da forma" apareceria repetidamente em várias de suas obras futuras.

Em 1965, Barthes efetua seu "deslocamento" para o estruturalismo, acusado pela esquerda de ser formalista e indiferente à história. Em "Resposta a uma enquete sobre o estruturalismo", ele passa à defensiva. Explica seu projeto de usar a semiologia de Saussure para um estudo mais rigoroso dos significados, isto é, da ideologia, e para buscar a "síntese das estruturas e da história". O estruturalismo, diz ele, não é uma imobilização da história. A análise sincrônica é apenas o primeiro momento do método estruturalista, mas "é possível um estruturalismo diacrônico", que seja "uma crítica ao mesmo tempo estrutural e histórica". Mais tarde, ele reconheceria que esse rigor e essa passagem da sincronia à diacronia eram ilusórios, ou, pelo menos, duvidosos. Por influência de Derrida, que já naquele momento apontava o caráter idealista do signo saussuriano, e por um cansaço das formalizações pretensamente científicas, ele acabaria por abandonar a semiologia e qualificar essa fase de sua obra como "breve delírio cientificista".

A pecha de estruturalista e semiólogo fez com que, em maio de 1968, os estudantes o considerassem reacionário e escrevessem na lousa de sua sala de aula: "As estruturas não descem à rua." Na verdade, sua ausência na "Revolução de Maio" tinha razões pessoais e políticas. Por sua personalidade moderada, avessa às manifestações violentas, Barthes nunca "desceria às ruas". Além disso, ele não acreditava na eficiência política de tais manifestações. Bem mais tarde, em sua aula inaugural do Collège de France, em 1977, ele deixaria claras as razões de seu ceticismo com relação a Maio de 1968.

Na entrevista a Thibaudeau, ele explica o arrefecimento de sua crítica ideológica nos últimos anos, porque esta já se tornara um chavão da nova universidade e porque os novos críticos ideológicos se colocavam abusivamente "fora da ideologia". Em "Pela libertação de um pensamento pluralista", de 1973, ele diz que "as pessoas que se agitam contra a ideologia nunca se perguntam a partir de que lugar estão travando essa luta". Nessa mesma entrevista, ele declara, mais uma vez, seu horror ao estereótipo. "Sempre que uma linguagem se solidifica", diz ele, "tenho o desejo de cair fora. Daí um certo enjoo da linguagem da psicanálise e da linguagem do marxismo." E acrescenta: "Os intelectuais são uma raça muito monológica, muito dogmática." Como faria em numerosas outras entrevistas, e em vários outros textos, Barthes declara sua opção pela "subversão" da linguagem: "A relação com as linguagens da sociedade reificada só pode ser uma relação não de agressão, não de destruição, mas uma relação de furto, de roubo."

Em 1974, o grupo da revista *Tel Quel*, chefiado por Philipe Sollers, tinha se tornado entusiasticamente maoista e, como tal, defensor da "Revolução Cultural". Barthes era aliado desse grupo e efetuou com eles uma viagem à China. Ao voltar, publicou no jornal *Le Monde* um artigo intitulado: "E então, a China?" Para decepção de seus amigos maoistas, e descontentamento de outros esquerdistas, ele ousou dizer: "a China é insípida". De fato, os viajantes tinham sido, como todos, na época, acompanhados por guias chineses vigilantes, que lhes mostraram campos e fábricas, óperas políticas e tudo o que era então a cultura oficial. E, no fim do dia, os estrangeiros ficavam confinados no hotel. Por isso, Barthes não achou nenhuma graça nessa China, tão diferente do Japão que o havia encantado anteriormente como o "império dos signos". Por outro lado, não achando justo desqualificar aquela experiência política da qual não viu muita coisa, declarou apenas seu "assentimento" à China. Respondendo depois a críticas dos leitores do jornal, ele acrescentou: "A Doxa exige afirmação ou negação, apoio ou repúdio, não deixa lugar para a suspensão do julgamento." O que se soube, mais tarde, da Revolução Cultural chinesa, comprovou que Barthes tinha razão em suspender seu julgamento.

Um dos últimos textos desta coletânea trata da Utopia. "A Utopia", diz Barthes, "é o campo de desejo, diante da Política, que é o campo da necessidade. [...] A Necessidade censura o Desejo por sua irresponsabilidade, sua futilidade; o Desejo reprova a Necessidade por suas censuras, seu poder redutor." Segundo ele, as utopias que nos foram propostas nos séculos XVIII e XIX eram irrealizáveis. Mas, se captássemos melhor os "clarões de desejo" da utopia, "eles impediriam que a política se enrijecesse em sistema totalitário, burocrático, moralizador".

Barthes foi, à sua maneira, um utopista. Acreditava que algum dia, numa sociedade não alienada, os discursos não estariam mais divididos e haveria uma "transparência final das relações sociais" (*Roland Barthes por Roland Barthes*). Enquanto essa utopia não se realizava (e ele apostava cada vez menos em sua realização), trabalhou intensamente para desalienar as linguagens de seu tempo.

O MESTRE ARTISTA*

Em 1976 Roland Barthes foi eleito membro do Collège de France, e em 1977 deu ali sua primeira aula. Estava no auge de sua carreira e recebia um reconhecimento público que ultrapassava os muros da academia. O último curso que ministrara na École Pratique des Hautes Etudes, sobre o discurso amoroso, se tornaria em breve um espantoso *best-seller*. Na aula inaugural do Collège, Barthes se apresentou como "um sujeito incerto", acolhido "numa casa onde reinam a ciência, o saber, o rigor e a invenção disciplinada" (ver *Aula*). De fato, sua carreira universitária fora pouco convencional e, para abrigá-lo, o Collège de France criara uma disciplina sob medida para ele: a semiologia literária. E mesmo esta, em suas mãos, tornou-se incerta. Em formulações elegantes e polidas, o novo mestre anunciou o ensino pouco canônico de uma disciplina nada científica: uma semiologia na qual o signo seria imaginário, o método, uma ficção e o tema de cada curso, um fantasma pessoal. Um ensino capaz de "fazer do saber uma festa" ou, segundo a bela fórmula final da *Aula*: "*Sapientiae*: nenhum poder, um pouco de saber, um pouco de sabedoria e o máximo de sabor possível." Infelizmente, pouco tempo lhe restava para usufruir dessa que ele projetava como uma *vita nova*. Três anos mais tarde, em fevereiro de 1980, um atropelamento diante do mesmo Collège de France levou-o ao hospital, onde morreria um mês depois, de insuficiência respiratória.

Somente agora, vinte e dois anos após seu desaparecimento, estão sendo publicados os cursos que ele deu no Collège[1]. Esses textos têm características bem diversas daqueles que Barthes publicou em vida. Não são textos pensados e trabalhados para a publicação em livro. São as fichas em que ele apoiava suas aulas, mais extensas e desenvolvidas do que simples anotações, mas desprovidas daquele arranjo estrutural e daquele acabamento estilístico que davam a seus livros uma marca inconfundível. Como explica o editor, restaram desses cursos centenas de fichas manuscritas e dezenas de horas de aula gravadas

---

* Publicado no suplemento *Mais!*, *Folha de S.Paulo*, 17/11/2002.
1. *Les cours et les séminaires au Collège de France de Roland Barthes*, org. Éric Marty. Paris: Seuil/IMEC, 2002 (col. Traces Écrites).

em fitas. Como critério de publicação, foi decidido que não se faria a transcrição completa das fitas, renunciando de antemão à pretensão de dar ao texto uma falsa aparência de obra ou livro. As fichas seriam publicadas tais quais, com um mínimo de intervenção do editor.

A diferença entre as notas de curso e os livros barthesianos fica bem clara numa observação que o próprio autor fizera a respeito da distância entre o curso sobre o discurso amoroso e o livro resultante: "O livro é talvez menos rico do que o curso, mas é mais verdadeiro." É toda a diferença entre a *escrevência* e a *escritura*, tal como ele as definira nos *Ensaios críticos*, nos anos 1960. Assim, a leitura dessas notas de curso pode decepcionar o leitor habituado com a qualidade rítmica e figural da escritura barthesiana. Entretanto, se esse leitor for de fato um *habitué* de Barthes, saberá ouvir, nos ocos desse discurso, as saborosas modulações de sua voz. O mesmo mestre que, nos anos 1950, conseguia extrair tanto saber e tanta graça de temas como "o bife com batatas fritas" (*Mitologias*) continuava capaz, nos últimos anos de sua vida, de tecer considerações surpreendentes e quase infinitas acerca de temas como o "Viver-junto" e o "Neutro".

Não seria possível resumir aqui todas as variações criadas por Barthes a partir desses temas. Mas é preciso que se diga desde logo: é de ética que se trata, como sempre se tratou, ao longo de toda a sua obra. Uma ética centrada não sobre a conduta em si, individual ou coletiva, mas sobre a linguagem na qual se fundamenta e na qual se efetiva toda conduta humana: "É disso que se trata neste curso: de uma moral da linguagem." Como semiólogo e escritor, Barthes não pretende estudar esses temas à maneira filosófica, sociológica ou histórica, mas enfocá-los à luz de uma "moral da forma". Seu objeto de análise é o discurso acerca da vida em comum e do neutro, como anteriormente seu objeto fora não o sujeito apaixonado, mas o discurso que produz e configura esse sujeito.

O primeiro curso, ministrado em 1977, tem por título completo: *Comment vivre ensamble – Simulations romanesques de quelques espaces quotidiens* [Como viver junto – simulações romanescas de alguns espaços cotidianos]. Segundo a "tática sem estratégia" que sempre adotou, Barthes discorre livremente a partir de textos sobre a questão antiquíssima e atual da vida em comum. O que lhe interessa não é a prática do casal, da família ou da comunidade tipo *hippie*, mas o projeto utópico de uma pequena comunidade móvel, na qual cada um dos membros pudesse viver ao mesmo tempo em companhia e em liberdade. Os modelos examinados seriam, inicialmente, os monges do Monte Atos e os budistas do Tibete, tais como eles estão documentados em livros. A esses textos se acrescentariam outros, literários. A questão seria a seguinte: "O grupo idiorrítmico é possível? Pode haver uma comunidade de seres sem Finalidade e sem Causa?" A resposta é evidentemente negativa, e por isso o curso se coloca de antemão como uma proposta romanesca, utópica. A vida em comunidade tende a se apoiar em crenças e regras comuns, anulando as diferenças individuais.

Para refletir sobre a questão da vida em comum, Barthes tomou obras extremamente diversas em sua origem, datação e gênero: a *História dos monges do deserto* de Paládio (descrição da vida dos eremitas no século VIII), *A montanha mágica* de Thomas Mann (a vida coletiva num sanatório), *Pot-Bouille* de Zola (a vida comunitária num prédio burguês), *Robinson Crusoé* de Defoe (a vida solitária e depois nem tanto), *La sequestrée de Poitiers* de Gide (estudo de um caso verídico de sequestro familiar). A exposição não é, entretanto, subordinada aos textos. Como nos *Fragmentos de um discurso amoroso*, ela obedece à ordem alfabética dos temas: *Acédia, Anacorese, Animais* etc. A disposição fragmentária e a ordem alfabética têm por objetivo combater qualquer tendência à completude, à totalização, ao totalitarismo discursivo.

De cada um desses textos, e de outros ocasionalmente evocados, Barthes arranca cintilações inesperadas de sentido. Com um humor antiprofessoral, estabelece paralelos improváveis e classificações insólitas, aos quais uma terminologia erudita, de raiz grega, acrescenta o toque irônico. Como atividade paralela a esse primeiro curso, Barthes examina certas práticas discursivas que considera mal estudadas pela linguística, como uma longa fala dirigida por Charlus a Marcel, na obra de Proust: "um discurso móvel, cambiante como uma paisagem sob nuvens, espécie de *moiré* sutil de inflexões". Ele detecta, nesse discurso, junções e tonalidades que intitula, com humor, de "tactemas", "inflexemas" e "explosemas". Em momentos como esse, deparamos com "barthemas" de excelente safra.

A razão pessoal subjacente à escolha do tema desse curso é evocada sob o termo *xeniteia* – sentimento de estranhamento, de inadaptação à realidade que leva à reclusão. Barthes reconhece que aquele era, para ele, um momento de *xeniteia*: "Um fantasma ativo: necessidade de partir, logo que uma estrutura pega [...] Ir para outro lugar, viver em estado de errância intelectual." Reconhecemos nesse "fantasma ativo" o impulso ao deslocamento que caracterizou a carreira de Barthes, sempre desconfiado dos discursos que se tornam senso comum, que se repetem sob forma de *doxa* e boa consciência. Na verdade, sente-se nessa última fase um enorme cansaço do ambiente que o cerca, um ambiente saturado de discursos, de sentidos fortes, de interpelações políticas, de demandas narcísicas disfarçadas em questões intelectuais. Daí sua simpatia pelos mestres zen, que "respondem" às perguntas com frases insensatas ou gestos aleatórios, ou pelo filósofo céptico Euríloquo, que, atormentado pelas perguntas dos discípulos, despiu-se e fugiu, atravessando um rio a nado.

O segundo curso, realizado entre 1977 e 1978, tem por título *O Neutro*. Esse tema, assim como o do deslocamento, figurava na aula inaugural. Estava aí ligado à questão do "fascismo" de toda língua, que obriga a dizer de certa forma e proíbe outras. "Em francês", dizia ele, "sou obrigado a escolher sempre entre o masculino e o feminino, o neutro e o complexo me são proibidos." No curso dedicado ao tema, este ganha maior amplitude. Não é uma simples questão de gênero ou de modo, mas concerne a "toda inflexão que evita ou desarma a estrutura paradigmática, oposicional, do sentido, e visa por conseguinte à suspensão dos dados conflituais do discurso".

Em nossas sociedades ocidentais modernas o neutro é depreciado, associado à fraqueza, à frouxidão, à falta de caráter. O Ocidente exige "tomadas de posição". Era pois natural que, na busca de um discurso (de um modo de ser) não dogmático e não agressivo, Barthes se voltasse para as sabedorias orientais, em especial o Tao e o Zen. Mas não há nenhum "orientalismo", e muito menos qualquer misticismo nessas referências. As sabedorias orientais são invocadas em consonância com atitudes ocidentais como o pirronismo ou o cepticismo moderno de Montaigne e Gide.

O que está em pauta, continuamente, é a própria relação de ensino. Desde o início do primeiro curso, Barthes retoma e redefine a oposição nietzschiana: método e *paideia*. O método é uma decisão premeditada, visando chegar a um objetivo, a um saber; a *paideia* é "um traçado excêntrico de possibilidades, uma viagem entre blocos de saber". Nenhuma dúvida sobre a opção barthesiana pela *paideia*. Ao apresentar a lista dos textos que servirão de base a seu primeiro curso, ele explica que outras obras poderão fornecer, pontualmente, alguns traços, e que a leitura será não sistemática, proliferante. Por que, então, propor uma bibliografia? Porque Barthes descarta, em seu ensino, o "mito da criatividade pura" (*Aula*). A pesquisa deve ter um rumo, mesmo que fantasmático: "Um certo direto deve ser colocado, precisamente para que haja um indireto, um imprevisível. Esse é o andamento da *paideia*, não do método."

Esses cursos são, afinal, a colocação em prática das principais propostas da *Aula*: um ensino não opressivo, a desconstrução de toda metalinguagem, a renúncia a um enciclopedismo tornado impossível num tempo de excesso de informações, a adoção de um lugar discreto na esfera do poder acadêmico, lugar a partir do qual ele se limitaria a apontar alguns tópicos de saber e a "entreabrir determinados fichários". Como na *Aula*, a palavra mágica para Barthes continuava sendo "literatura", embora (ou talvez mesmo porque) ele a sentisse tão ameaçada de cair em desuso. Em cada embaraço teórico enfrentado nesses cursos, a saída jubilatória lhe é sugerida pela literatura. A linguagem conceitual pretende dizer a "verdade"? "Mas então como falaremos, nós, os intelectuais? Por metáforas. Substituir o conceito pela metáfora: escrever." Toda memória que se autoriza a julgar os mortos é arrogante, e portanto a história é uma disciplina arrogante? Ora, a única memória não arrogante é a da literatura, porque as grandes personagens da ficção permanecem "não tocadas pela morte", isto é, fora do paradigma vida-morte. O próprio ensino deveria se tornar literário, e os cursos "arranjados de modo a produzir uma ficção (quase romanesca)". O professor seria, assim, um artista. E é porque os artistas são únicos que Barthes tem feito tanta falta, e é tão bom reencontrá-lo.

A PRÁTICA DA *AULA* NOS CURSOS DO COLLÈGE DE FRANCE*

Em sua aula inaugural do Collège de France, Roland Barthes traçava as linhas gerais do ensino que pretendia ministrar naquela casa. Infelizmente, pouco tempo de vida lhe restava para cumprir aquele programa. Apenas três cursos foram oferecidos por ele, de 1977 a 1980, anos que corresponderam ao auge de sua fama como escritor, mas também a uma fase depressiva de sua vida pessoal, caracterizada pelo luto da mãe e a perda do entusiasmo em sua escritura.

Dois desses cursos encontram-se agora publicados: *Comment vivre ensemble* e *Le Neutre*[1]. Os leitores podem então conferir, com mais de vinte anos de atraso, a realização prática dos princípios enunciados na *Aula*. É preciso lembrar, inicialmente, que o texto desses cursos é constituído por fichas preparatórias dos mesmos, apresentando variados estados de redação, desde a simples nota ou referência até trechos mais extensamente redigidos. A transcrição dessas fichas foi completada com o auxílio de gravações sonoras dos cursos. Assim sendo, se nesses dois volumes reencontramos pontualmente a inteligência, a originalidade de visão, o humor e a autoironia que caracterizavam o mestre, não encontramos neles a plenitude de sua escritura.

A diferença entre o *curso* e o *livro* foi assinalada por ele mesmo. De fato, alguns de seus cursos da École Pratique des Hautes Études haviam sido publicados, posteriormente, como livros: *S/Z*, *Fragmentos de um discurso amoroso*. A transformação em livro exigia uma reescritura das notas utilizadas nas aulas e, mais do que isso, uma reestruturação das mesmas, implicando tanto expansões como cortes e sínteses, em função do projeto geral de cada livro.

A aula inaugural tinha sido pronunciada no dia 7 de janeiro de 1977. O primeiro curso, *Comment vivre ensemble*, começou logo em

---

* Comunicação apresentada no colóquio internacional "Roland Barthes, o saber com sabor", realizado no Centro Cultural Maria Antonia da USP em setembro de 2003, e na UFF, em outubro de 2003. O conjunto das comunicações foi publicado em: Leyla Perrone--Moisés e Maria Elizabeth Chaves de Mello (orgs.). *De volta a Roland Barthes*. Niterói: EdUFF, 2005.
1. Paris: Seuil/IMEC, 2002 [ed. bras.: *Como viver junto* e *O Neutro*. São Paulo: Martins Fontes, 2003].

seguida, no dia 12 de janeiro, e corresponde ao ano letivo 1976-77. A proximidade temporal com a *Aula* faz que esta seja frequentemente evocada no curso. Sente-se mesmo, da parte de Barthes, a preocupação com honrar a obrigação assumida e realizar os propósitos anunciados na *Aula*. Assim, a primeira aula opõe o *método à paideia* ou *cultura*. O método é o "encaminhamento para um objetivo", "um caminho reto" em direção a resultados. A cultura, no sentido nietzschiano de "violência sofrida pelo pensamento sob a ação de forças seletivas"[2], corresponde à *paideia* dos gregos, educação, formação no sentido largo, percurso livre no campo do saber. O que Barthes explicita: "Trata-se pois, aqui, pelo menos como postulação, de cultura e não de método. Nada esperar acerca do método – a menos que se tome a palavra em seu sentido mallarmaico: 'ficção': linguagem refletindo sobre a linguagem" (*VE*, p. 34). Essa concepção do método estava expressa na *Aula*, quando ele dizia que, em seu ensino, o método não seria heurístico, isto é, visando a produzir deciframentos e a apresentar resultados, mas seria, como propunha Mallarmé, uma ficção. Lembremos que o subtítulo do curso é: *Simulações **romanescas** de alguns espaços cotidianos*.

Barthes dizia ainda, na *Aula*, que "a operação fundamental desse método de desprendimento [seria], ao escrever, a fragmentação, e, ao expor, a digressão ou, para dizê-lo por uma palavra preciosamente ambígua: a *excursão*". Ora, o curso *Comment vivre ensemble* é constituído de fragmentos e desenvolve-se por digressões, sem chegar (sem querer chegar) a nenhum resultado concreto. Isso porque o objetivo do curso é reconhecido, desde o início, como inalcançável ou irrealizável: a utopia da idiorritmia. O projeto utópico de Barthes seria o de uma pequena comunidade móvel, na qual cada um dos membros pudesse viver ao mesmo tempo em companhia e em liberdade.

Na escolha desse tema, Barthes realizou outra das propostas da *Aula*: a de que o assunto de cada curso correspondesse a uma fantasia (ou fantasma) pessoal. No início desse primeiro curso, ele remete os ouvintes à *Aula*: "Cf. Aula inaugural sobre o ensino fantasmático. Fazer partir a pesquisa (cada ano) de uma fantasia" (*VE*, p. 34). Referência que será repetida no segundo curso: "Lembrar aula inaugural [...]" (*N*, p. 38). Essa afirmação polêmica é então retomada: "a primeira força que posso interrogar, interpelar, aquela que conheço em mim, embora através do logro do imaginário: a força do desejo, ou para ser mais preciso (já que se trata de uma pesquisa): a figura da fantasia". A fantasia estaria

---
2. Gilles Deleuze, *Nietzsche et la philosophie*. Paris: PUF, 1962.

na origem da cultura, como geração de forças, de diferenças. A utopia da idiorritmia é apresentada como um fantasma pessoal do professor.

Se o curso não chega a nenhuma conclusão, ou à conclusão de que seu objeto é impossível, a "excursão" que ele faz é fascinante: somos levados a refletir sobre (ou a sonhar com) a vida dos eremitas e monges do Monte Atos, na alta Idade Média, os mosteiros budistas do Ceilão, a vida solitária ou comunitária, em textos literários tão diversos como *Robinson Crusoe* de Defoe, *Pot-Bouille* de Zola, *A montanha mágica* de Thomas Mann ou *La Séquestrée de Poitiers* de Gide. O caráter fantasmático da escolha é posto em evidência no que concerne aos mosteiros do Monte Atos: "É preciso entender que, para haver fantasia, é preciso que haja cena (roteiro), portanto, lugar: Atos (onde nunca estive) fornece um misto de imagens: Mediterrâneo, terraço, montanha (na fantasia, a gente oblitera; aqui, a sujeira, a fé). No fundo, é uma paisagem. Eu me vejo lá, num terraço, o mar ao longe, as paredes caiadas [...]" (*VE*, p. 37).

Não chegar a nenhuma conclusão é coerente com o desígnio principal, enunciado na *Aula*, lutar contra o poder que é próprio da linguagem. A preocupação então expressa é retomada no curso: "Por minha linguagem, quais são as linguagens que eu rejeito?" Trata-se, sempre, de neutralizar os poderes que se alojam nos discursos, em especial no discurso magistral. Seu próprio discurso é situado na "perspectiva do desejo, e não da lei", o mestre sendo um desejante, não um guru (*N*, p. 61). Um discurso "à margem da margem, lá onde deve estar, infinitamente, o verdadeiro combate" (*N*, p. 51).

A busca desse discurso desprovido de poder é, também, a renúncia ao domínio exercido sobre um tema ou sobre seus ouvintes: "Assim, quanto mais livre for esse ensino, tanto mais será necessário indagar-se sob que condições e segundo que operações o discurso pode despojar-se de todo desejo de agarrar. Essa interrogação constitui, a meu ver, o projeto profundo do ensino que hoje se inaugura" (*L*, p. 10). O despojamento do "desejo de agarrar", que Barthes colhera no ensinamento oriental, taoísta ou zen, é um *tópos* de sua obra tardia, servindo tanto para o tema do amor como para o do ensino. No caso do curso sobre o Neutro, ele reconhece que se trata de uma aporia: falar do Neutro num curso é transformá-lo em lei; não falar seria renunciar ao próprio curso. E ele lembra que, na *Aula*, é a própria literatura que é "a representação do mundo como aporética" (*N*, p. 102).

A questão do método, colocada na primeira aula, é retomada no curso três meses mais tarde. O método é então considerado como dependente de "um psiquismo fálico de ataque e de proteção", enquanto o não método pertenceria ao "psiquismo da viagem, da mutação extrema (borboletear, sugar o pólen)" (*VE*, p. 180). A função do professor vê-se modificada, porque ele se apresenta apenas como o fabricante de um quebra-cabeça que os alunos devem montar: "O curso ideal seria talvez aquele em que o professor – o locutor – seria mais banal do que seus ouvintes, aquele no qual o que ele diz estaria em retração com respeito ao que suscita" (*VE*, p. 181). No curso sobre o Neutro, ele definirá o seu lugar como "fora da mestria", já que "não ensina o todo", mas é "um artista" no sentido nietzschiano do termo (*N*, pp. 97-8). A reflexão sobre a "relação de ensino" vinha de antes, na obra de Barthes. Desde os seminários da École, ele desenvolvia considerações sobre a maneira de "desmontar a mestria", de criar com os alunos uma relação mais baseada nos desejos do que nos saberes, na produção do que na reprodução.

    O seminário consecutivo a esse primeiro curso, e que tinha por título "Tenir un discours", também é posto em relação com as propostas da *Aula*, de modo explícito. No caso desse seminário, a fantasia desencadeadora seria de outra espécie. "Persigo a exploração de uma fantasia de irritação: a linguagem do outro [...], na medida em que ela irrita, isto é, na medida em que ela subjuga, a linguagem entrando [...] numa relação de força na qual me sinto ameaçado" (*VE*, p. 188). Por outro lado, esse seminário corresponderia àquela nova semiologia anunciada na *Aula*, uma semiologia que é "a desconstrução da linguística" (*L*, p. 30). O que é aí buscado é um novo tipo de análise de discurso, que levaria em conta as táticas, os subentendidos, em suma, os afetos ditados pelo inconsciente do locutor (*VE*, p. 211).

    Nem a "excursão" através das diversas formas de viver, junto ou só, chega a uma conclusão, nem o novo tipo de análise de discurso praticado no seminário serve como método científico, pois ele se limita a jogar, de modo brilhante e prazeroso, com supostas unidades de sentido chamadas, não sem humor, de "tactemas" ou "explosemas". O intertexto criado com *Andromaque* de Racine, assim como os recursos à retórica de Perelmann e aos princípios da psicanálise, agem como inspiradores da análise e não como verdadeiras referências "científicas" ou propostas de método. A psicanálise é comparada a "um grande véu pintado: a *maia*" (*VE*, p. 218). A *maia*, no budismo, representa o mundo como ilusão.

    Assim, outro ponto firmado na aula inaugural, e posto em prática nos cursos do Collège, é o que se refere à negação da metalinguagem: "A semiologia, embora, na origem, tudo isso a predispusesse, não pode ser ela mesma uma metalinguagem. É precisamente ao refletir sobre o signo que ela descobre que toda relação de exterioridade de uma linguagem com respeito a outra é, *com o passar do tempo*, insustentável" (*L*, p. 37). A recusa da metalinguagem corresponde, também, ao abandono da ambição totalizadora, da conclusão, da "última palavra". A opção pela liberdade individual implica a aceitação da visão parcial e a adoção da forma fragmentária de exposição.

Em vários momentos dos cursos do Collège, Barthes se refere ao estruturalismo como uma fase que ele não renega, mas deixou para trás. Em *Como viver junto*, ele coloca lado a lado uma história medieval de eremita e um trecho da *Busca* proustiana, mostrando que ambos os textos têm a mesma estrutura, que ele chama da "loucura a dois" (*VE*, pp. 106-10). Toda a prática da análise estrutural da narrativa é mobilizada para isso, mas sem a ambição estruturalista de chegar a um universal. Em outra aula do curso, ele lembra o "esquema atuacional" de Greimas, mas é para criar a categoria nova (e de certa forma derrisória) de "atuante dejeto" (*VE*, p. 121). Na análise do "discurso Charlus" ele procede "à maneira estrutural", mas observando, desde o início, que não se trata da "descrição de um tipo (de uma gramática)", porque esse discurso é único, isto é, um Texto, no sentido forte do termo. Trata-se de "partir do conhecido [a análise estrutural] para abrir uma porta dando sobre o menos conhecido [o aparecimento da noção de força no campo da análise]" (*VE*, pp. 204-5).

Barthes teve de fornecer ao Collège de France o resumo de cada um de seus cursos (*VE*, pp. 221-2). É curioso verificar como, ao fazer esse resumo burocrático, ele consegue tornar os cursos mais aceitáveis pela academia sem, no entanto, ocultar sua originalidade. Logo no início do resumo, Barthes chama a atenção para a realização daquilo que fora proposto na *Aula*, mas substitui a palavra "*fantasme*" por outra mais neutra, "*imaginaire*": "Na aula inaugural desta cátedra, postuláramos a possibilidade de ligar a pesquisa ao imaginário do pesquisador. Desejamos, este ano, explorar um imaginário particular: não todas as formas de 'viver junto' (sociedades, falanstérios, famílias, casais), mas principalmente o 'viver junto' de grupos muito restritos, nos quais a coabitação não exclui a liberdade individual."

Quanto ao método, Barthes não diz aí que ele é "uma ficção", mas apresenta-o de modo muito menos polêmico: "O método adotado foi, ao mesmo tempo, seletivo e digressivo." "Seletivo" faz calar, de antemão, as restrições que se poderiam opor a "digressivo". Também é sublinhado o aspecto "científico" do método: "*Conforme aos princípios* do trabalho semiológico, procuramos destacar, na massa de modos, hábitos, temas e valores do 'viver junto', *traços pertinentes*, por isso mesmo descontínuos, e que poderiam ser subsumidos, um a um, sob uma palavra de referência" (sublinhados por nós). E a conclusão, esperada pela instituição, é assim explicada e adiada: "Não retomamos esses temas numa síntese geral. [...] Este curso só podia desembocar num problema de ética da vida social, que será retomado sob outra forma no curso do próximo ano."

O seminário sobre o "discurso Charlus" também é mais convencional no resumo do que na prática do curso. De maneira muito clássica, Barthes começa por uma formulação de ordem geral, axiomática, para justificar a pertinência da pesquisa: "A linguagem humana, atualizada em 'discurso', é o teatro de uma prova de força entre parceiros sociais e afetivos. É essa função de intimidação da linguagem que quisemos explorar." O texto se encerra pela referência de dois clássicos da literatura francesa: Proust e Racine. Esse resumo demonstraria, se necessário fosse, o domínio da retórica clássica por Barthes.

O curso sobre o Neutro foi ministrado no ano letivo de 1977-78. O resumo desse segundo curso, como o do primeiro, o torna menos esotérico. Esse resumo (N, pp. 261-2) se inicia, astutamente, com a expressão tão pouco barthesiana "é natural que": "É natural que a semiologia literária se deixe guiar em suas pesquisas pelas categorias tratadas pela linguística. Do Neutro, gênero gramatical, induzimos uma categoria muito mais geral à qual demos o mesmo nome, mas tentamos observar e descrever." Sem falsear a descrição do conteúdo do curso, Barthes o torna, entretanto, mais claro e assertivo do que na verdade ele foi. "Tentamos fazer entender que o Neutro não correspondia forçosamente à imagem chata, profundamente depreciada que dele tem a *Doxa*, mas podia constituir um valor forte, ativo." Também é sublinhado que o professor dialogou com os ouvintes e levou-os a "participar ativamente do trabalho do curso". As palavras "ativo" e "atividade" são, evidentemente, do agrado da instituição que solicita o resumo.

Na prática, trata-se ainda de realizar as propostas da aula inaugural, bem menos palatáveis para a academia. Trata-se, como sempre e desde a primeira aula, da recusa do dogmatismo e, portanto, da própria fala magistral: "Instituição, aula → preparam um lugar de mestria. Ora, meu problema constante: desmontar a mestria" (N, p. 36). O próprio tema corre o risco de se apresentar de forma dogmática, se for tratado de modo sistemático. Por isso, ele se apressa a corrigir: o Neutro não se apresenta como oposto à arrogância; trata-se de desmontar o paradigma, e não de o reconstituir (N, p. 37). O modo de evitar que o Neutro se constitua em valor exemplar é agrupar os temas numa ordem aleatória, "para que o sentido não *pegue*".

Como fora colocado na aula inaugural, o que Barthes procura, nessa última fase de sua vida, é não o saber mas uma sabedoria existencial: "O que eu busco, na preparação do curso, é uma introdução ao viver, um guia de vida (projeto ético): quero viver segundo a nuance" (*N*, p. 37). E, como proposto na *Aula* e já realizado no primeiro curso, a pesquisa partirá de uma fantasia: "Lembrar a aula inaugural: promessa de que, a cada ano de aula, a pesquisa partiria abertamente de uma fantasia pessoal. Em síntese: eu desejo o Neutro, portanto, postulo o Neutro. Quem deseja, postula (alucina)" (*N*, p. 38). Mais do que o "viver junto", o Neutro é insustentável como curso e invendável como livro. Trata-se, portanto, apenas de "aguentar treze semanas sobre o insustentável: em seguida, isso se abolirá" (*N*, p. 39).

Na abertura da quarta aula (11 de março de 1978), Barthes apresenta um belo texto acerca do próprio curso ("Suplemento II"), mostrando como os temas do mesmo se entrelaçam com sua existência cotidiana e estão sempre presentes em sua mente como preocupação didática: "tenho a impressão persistente de que não expliquei bem", e que será portanto necessário explicar melhor (*N*, p. 79). A reflexão sobre o próprio curso prossegue, em contraponto, de aula em aula. No dia 18 de março ele observará que se trata de uma aporia: "Falo do Neutro e faço dele uma lei, ou não faço dele uma lei, mas então não digo nada a seu respeito (e todo o curso desmorona)" (*N*, p. 102). Assim, o curso todo é percorrido por uma preocupação, um cuidado de natureza ética.

No fim da sessão de 11 de março, Barthes retoma uma das propostas da *Aula*, talvez a mais importante, que engloba todas as outras: a da *moral da forma*. Lembremos o que ele dizia na *Aula*: "O que tento visar aqui é uma responsabilidade da forma, mas essa responsabilidade não pode ser avaliada em termos ideológicos e por isso as ciências da ideologia sempre tiveram tão pouco domínio sobre ela" (*L*, p. 17). Um parêntese de *O Neutro* o reafirma: "(é disto que se trata neste curso: uma moral da linguagem)" (*N*, p. 93). E é disto que sempre se tratou na obra de Barthes: de uma ética centrada não sobre a conduta em si, individual ou coletiva, mas sobre a linguagem na qual se fundamenta e na qual se efetiva toda conduta humana. Seu objeto de análise, nessas aulas do Collège, é o discurso acerca da vida em comum e do neutro, como anteriormente seu objeto fora não o sujeito apaixonado, mas o discurso que produz e configura esse sujeito.

Todos se lembram da comoção provocada pela afirmação da *Aula*: "a língua é fascista". Ora, o que conduz todo esse curso sobre o Neutro é a recusa do "fascismo da língua": "Lembro uma vez mais (porque criaram um caso a esse respeito) que é nesse sentido que se pode falar de um fascismo da língua: a língua faz de suas falhas nossa Lei, ela nos submete abusivamente às suas falhas [...] a língua é lei e *dura lex*. Ora, o *sed lex*, o discurso (a literatura) o 'revira', o desvia: é o suplemento, como ato de suplência: → literatura = liberdade" (*N*, pp. 237-8). Exatamente como na *Aula*, quando a polêmica afirmação do fascismo da língua preparava o elogio da literatura como "língua fora do poder" (*L*, p. 16).

Chegando próximo ao fim do curso, Barthes reafirma o que já havia dito a seu respeito: que este é "perecível": "Este curso é feito para perecer de imediato" (*N*, p. 221, nota 32). Como ouvintes-leitores do curso, podemos entretanto dizer que ele perece como um haicai, como um *satori* (evocados, então, por Barthes): desaparece, mas permanece como momento luminoso. Embora não pretendendo ser textos de escritura, a escrita desses cursos apresenta várias passagens dignas do melhor Barthes, como a análise do "discurso Charlus", em *Como viver junto*, ou a notável descrição das "ideosferas", em *O Neutro*.

De fato, os cursos do Collège podem decepcionar quem busque métodos aplicáveis e resultados conclusivos. Mas eles contêm, mesmo na forma ainda virtual, que é a das notas preparatórias, um poder encantatório que a voz de Barthes ajudava a criar, em momentos epifânicos de inteligência afetuosa. Apontá-los aqui seria tirar-lhes o encanto, que depende, em grande parte, da emergência dessas breves manifestações de afeto no fluxo discursivo, em geral fosco, neutro. Apenas como exemplo, poderíamos evocar a observação comovente colocada no fim de uma aula: "Viver-Junto: somente, talvez, para enfrentar juntos a tristeza da noite. Sermos estrangeiros é inevitável, necessário, exceto quando cai a noite" (*VE*, p. 176). Ou no curso sobre o Neutro, um momento romanesco: "Saindo, à noitinha, ao crepúsculo, recebendo com intensidade detalhes ínfimos, perfeitamente fúteis, da rua: um menu escrito com giz no vidro de um café (frango com purê, 16,50 francos – rins com creme de leite, 16,10 francos), um padre baixinho com batina subindo a rue de Médicis etc., tive a intuição viva [...] de que descer até o infinitamente fútil permitia reconhecer a sensação da vida" (*N*, p. 79). "Delicadeza", "Cintilação", "Minúcia" – noções que ele tentava esclarecer naquele momento, características barthesianas que podemos reconhecer ao longo desses cursos.

A desejada sabedoria existencial, que lhe permitiria uma *vita nova*, parece ter faltado a Barthes no final. Em vários momentos dos cursos, ele alude a uma falta de ânimo pessoal (a *acédia*, a *xeniteia*, a retirada, o desejo de silêncio). Declara que estava vivendo um momento de *xeniteia*, que ele qualifica como "um fantasma ativo: necessidade de partir, logo que uma estrutura pega". Reconhecemos nesse "fantasma ativo" o impulso ao deslocamento que caracterizou a carreira de Barthes. No fim de sua vida, o desejo de deslocamento era sentido por ele como desejo de retirada. E foi esse estado de espírito que acabou provocando o acidente fatal, à porta do Collège. Restam-nos esses cursos como últimos testemunhos, um pouco melancólicos, de seu inigualável charme.

BARTHES E DERRIDA*

Em 1981, Jacques Derrida escreveu, acerca de Roland Barthes:

> Ele foi, posso dizer que continua sendo, um daqueles ou daquelas a respeito dos quais me pergunto, quase sempre, há mais ou menos vinte anos, de modo mais ou menos articulado: o que acha ele de tudo isso? no presente, no passado, no futuro, no condicional, etc. Sobretudo, por que não o dizer, e quem se surpreenderá com isso, no momento de escrever.[1]

Ora, Barthes já tinha respondido de antemão à pergunta de Derrida. Ele havia dito, em 1972, o que pensava "de tudo isso". Ele se desculpava então, numa carta a Jean Ristat, que preparava um número especial da revista *Les Lettres françaises* consagrado ao filósofo, de não poder participar; na verdade, ele estava participando, já que, em poucas linhas cunhadas como uma inscrição, reconhecia a dívida que o ligava a Derrida:

> [...] A obra de Derrida me pegou [...] no decurso da vida, no decurso do trabalho; o projeto semiológico já estava bem formado em mim e parcialmente realizado, mas ele corria o risco de ficar fechado, encantado na fantasia da cientificidade. Derrida foi um daqueles que me ajudaram a compreender as implicações (filosóficas, ideológicas) de meu próprio trabalho: ele desequilibrou a estrutura, abriu o signo; ele é, para nós, aquele que desprendeu a ponta da cadeia [*celui qui a décroché le bout de la chaîne*].[2]

Quem poderia definir melhor o papel representado por Derrida na passagem de todo um grupo de pensadores, franceses e estrangeiros, do estruturalismo àquilo que ainda não se chamava pós-estrutura-

---

* Comunicação apresentada no colóquio internacional "Jacques Derrida: pensar a desconstrução", no Teatro da Maison de France do Rio de Janeiro, em agosto de 2004. O conjunto das comunicações foi publicado no livro *Jacques Derrida: pensar a desconstrução*, org. Evando Nascimento. São Paulo: Estação Liberdade, 2005.
1. "Les morts de Roland Barthes", in *Poétique*, nº 47. Paris: Seuil, set. 1981.
2. "Lettre à Jean Ristat", in *Les Lettres françaises*, Paris, 29/3/1972.

lismo? Certamente, nem todos aqueles estruturalistas e semiólogos que, graças a Derrida, começaram a buscar o que ele já lhes oferecia em 1963, como uma simples sugestão: "novos conceitos e novos modelos, uma economia que escape a esse sistema de oposições metafísicas"[3].

Lembremos algumas datas, alguns acontecimentos e alguns textos que tiveram uma enorme repercussão não só na França, mas em muitos outros países, dentre os quais o Brasil. Em 1965, Barthes publicou seus *Elementos de semiologia*. Em 1966, ano que se considera agora como o "ano luz" do estruturalismo[4], foram publicados *Crítica e verdade* de Barthes, os *Escritos* de Lacan, *As palavras e as coisas* de Foucault, e o n.º 8 da revista *Communications*, que se tornou logo a bíblia da análise estrutural da narrativa. Ora, em 1963, Derrida já havia designado aquela "paixão estruturalista, que é ao mesmo tempo uma espécie de furor experimental e um esquematismo proliferante"[5]. Mas ele o fazia, então, com precaução: "Como estamos vivendo a fecundidade estruturalista, é ainda muito cedo para atacar nosso sonho" (*ED*, p. 11).

Foi em 1966 que ele desferiu o golpe fatal contra aquele "furor estruturalista", na conferência que pronunciou no colóquio internacional da Universidade Johns Hopkins, intitulado "The Language of Criticism and the Sciences of Man". Participavam igualmente desse colóquio Barthes, Lacan, Todorov, René Girard, Lucien Goldmann, Georges Poulet e outras estrelas da teoria francesa. O texto então apresentado por Derrida se intitulava "La structure, le signe et le jeu dans le discours des sciences humaines" [A estrutura, o signo e o jogo nos discursos das ciências humanas] (*ED*, pp. 409-28); os debates por ele suscitados evidenciaram as divergências entre aqueles que eram vagamente designados como "os estruturalistas franceses" e foram o ponto de partida daquilo que os americanos chamariam de pós-estruturalismo. As consequências desse texto foram tão importantes que ainda estamos em vias de vivê--las e de meditá-las.

O pós-estruturalismo, portanto, não veio cronologicamente depois do estruturalismo, mas no mesmo momento em que o estruturalismo triunfava, na França e alhures. Em plena euforia estruturalista, Derrida anunciava o seu fim. Ele dizia: "Se ela se retirar um dia, abandonando suas obras e seus signos nas praias de nossa civilização, a invasão es-

---

3. "Force et signification", in *Critique*, 1963, retomado em *L'écriture et la différence*. Paris: Seuil, 1967, p. 34. Esse livro será doravante designado pela sigla *ED*.
4. A expressão é de François Dosse, em *Histoire du structuralisme*. Paris: La Découverte, 1992, t. 1, p. 384.
5. Jacques Derrida, *L'écriture et la différence*. Paris: Seuil, 1967, p. 14.

truturalista se tornará uma questão para o historiador das ideias" (*ED*, p. 9). Barthes também anunciava, à sua maneira, o refluxo daquela "vaga". Ele concluía seu artigo "A atividade estruturalista" com estas palavras: "[...] o homem estrutural se importa pouco, sem dúvida, com a duração: ele sabe que o estruturalismo é, também ele, uma forma do mundo, que mudará com o mundo [...] ele sabe que bastará surgir da história uma nova linguagem que, por sua vez, o fale, para que sua tarefa esteja terminada" (*EC*, pp. 219-20). Os dois textos, o de Derrida e o de Barthes, são de 1963. O que Barthes ainda não sabia, naquele momento, é que a "nova linguagem" capaz de falar o estruturalismo estava nascendo nos escritos de Derrida.

Em 1967, Derrida publica *Da gramatologia* e *A escritura e a diferença*, obras em que apresenta e desenvolve os princípios daquilo que seria chamado de desconstrução. Em 1968, ele dá a primeira versão de "A farmácia de Platão" e, em 1969, apresenta aos membros do grupo Tel Quel e a outros ouvintes o texto sobre Mallarmé, que se chamará mais tarde "La double séance" [A sessão dupla][6]. Roland Barthes percebeu logo o abalo teórico provocado por Derrida. O abandono do projeto estruturalista e da nascente semiologia, por ele, foi ocasionado tanto por motivos pessoais de temperamento quanto em razão do impacto das reflexões de Derrida. É isso que ele reconhece na carta a Jean Ristat e em várias entrevistas subsequentes. Podemos, assim, ver os ecos do pensamento de Derrida no "deslocamento" operado por Barthes, no início dos anos 1970.

Em 1970, ele publica *O império dos signos*, livro sobre o Japão. Na quarta capa desse livro ele diz ter encontrado, no Japão, um trabalho do signo mais próximo de suas convicções e de suas fantasias. Diz ele: "O signo japonês é vazio: seu significado é fugidio, sem deus, verdade ou moral no fundo desses significantes que reinam sem contrapartida." Essa concepção do signo – significado fugidio e significante sem fundo – condenava ao esquecimento o projeto semiológico saussuriano. A cadeia significante começava a desprender-se, remetendo a uma significação sempre diferida.

Chaîne, em francês, pode ser traduzido como "cadeia" (em "cadeia do significante") ou como "corrente" (aquilo que prende, que aprisiona). Ao desprender a cadeia significante, Derrida libertava, no mesmo movimento, a teoria estruturalista e semiológica de seu encarceramento

---

6. Texto apresentado ao "Groupe d'études théoriques", nas sessões dos dias 26 de fevereiro e 5 de março de 1969. Publicado posteriormente em *La dissémination*. Paris: Seuil, 1972 (col. Tel Quel).

no dualismo, no nominalismo e na busca da universalidade, em suma, no idealismo. Em *O prazer do texto* (1973), Barthes abandona definitivamente o que ele chamará de "breve delírio cientificista" e entra na fase chamada de "moralidade", colocada sob o signo de Nietzsche. Um exame do índice onomástico das obras completas de Barthes revela-nos o seguinte: até 1966, há uma única referência a Derrida; entre 1966 e 1973, as referências são em número de 23.

Dentre essas referências, duas merecem nossa atenção. A primeira, em 1970, acerca da "análise estrutural da narrativa". Diz ele:

> A investigação filosófica de Jacques Derrida retomou, de modo revolucionário, o problema do significado último, postulando que, no mundo, nunca há fundo, mas apenas a escrita de uma escrita: uma escrita remete sempre, finalmente, a outra escrita, e o prospecto dos signos é, de certa maneira, infinito. Por conseguinte, descrever sistemas significantes postulando um significado último é tomar partido contra a própria natureza do sentido.[7]

Se compararmos essa observação com as postulações da "Introdução à análise estrutural das narrativas", de 1966[8], veremos o quanto a intervenção de Derrida abalou as certezas estruturalistas.

Numa entrevista de 1971, há outra referência: "Além de tudo o que devo a Derrida, e que outros também lhe devem, há isto, que me aproxima especificamente dele: o sentimento de participar (de querer participar) numa fase histórica que Nietzsche chamou de 'niilismo'."[9] Evidentemente, Barthes usa a palavra "niilismo" não no sentido de negação ou ausência de valores, mas como questionamento dos valores estabelecidos. Notemos aqui, novamente, a declaração da dívida. Somente os grandes são capazes de reconhecer e declarar uma dívida. Aqueles que Barthes menciona como "outros" nem sempre reconheceram o que deviam a Derrida.

O longo texto que Derrida escreveu sobre Barthes, após a morte deste, e que citei no início desta comunicação, é uma resposta emocionada e emocionante a esse reconhecimento. "As mortes de Roland Barthes" é, como indica o título, um texto de luto. Derrida oferece à memória de Barthes um texto em fragmentos, como os últimos textos do escritor, e compara esses fragmentos, dentro da tradição judaica, a

---

7. "L'analyse structurale du récit", *Recherches de sciences religieuses*, 1º trimestre 1970 (*OC*, III, pp. 472-3).
8. *Communications*, nº 8. Paris: Seuil, 1966.
9. "Entretien avec Stephen Heath", *Signs of the Times*, 1961 (*OC*, III, p. 1.008).

"pedrinhas, pensativamente, uma por vez, à beira de um nome como a promessa de retorno". Em homenagem ao desaparecido, e como trabalho de luto, Derrida leu dois textos dele, o primeiro e o último: *O grau zero da escrita* e *A câmara clara*. Não cometerei o abuso de resumir o que Derrida diz do autor e de seus livros, pois se trata de um texto daqueles que Barthes chamava de *textos de escritura*, ou simplesmente *Texto*, com maiúscula, e cuja definição barthesiana era exatamente "aquilo que não se pode resumir". Posso, no máximo, repetir algumas expressões que, para além da afeição, revelam as afinidades teóricas que os aproximavam. Por exemplo: "aquela minúcia vigilante", "uma espécie de travessia em direção a um além de todos os sistemas enclausurantes", "a resistência obstinada a todo sistema redutor". Barthes lido por Derrida ou Derrida lido por Barthes? As duas primeiras expressões são de Derrida, a última é de Barthes citado por Derrida.

Entretanto, na última aula de seu último curso no Collège de France (no dia 23 de fevereiro de 1980), Barthes parecia desconfiar da "desconstrução". Depois de dizer que "a escritura necessita de uma *hereditariedade*" e que "a filiação deve ocorrer por *deslizamento*", ele acrescenta isto:

> O *deslizamento* se opõe a uma palavra de ordem vanguardista, que devemos rever lucidamente (pois a vanguarda pode enganar-se): a *desconstrução*. *Desconstruir*? A palavra de ordem é tentadora, pois se trata de lutar contra as alienações políticas da linguagem, a dominação dos estereótipos, a tirania das normas; mas talvez ainda não seja o tempo: a sociedade não acompanha. E talvez, de resto, nunca acompanhará, ou porque ela não deixe jamais de ser alienada, ou porque uma língua nunca pode ser desconstruída do exterior (*PR*, p. 381).

É preciso examinar essa observação de Barthes em seu momento e em seu contexto, para compreender, ao mesmo tempo, o que a motiva e aquilo em que ele se engana. Primeiramente, é preciso lembrar que, no fim de sua vida, Barthes se recolheu a uma posição que alguns chamaram de "conservadora". Vendo desaparecer a grande literatura do passado, nas novas práticas de escrita e no ensino, ele tomou distância com relação ao que chamava de "vanguarda" e que era, *grosso modo*, a teoria e a prática da escritura segundo o grupo Tel Quel, teoria e prática que ele havia anteriormente defendido[10]. Barthes se engana ao considerar a desconstrução uma "palavra de ordem vanguardista", já que a desconstrução é avessa às palavras de ordem e que o paradigma histó-

---

10. Por exemplo, em *Sollers écrivain*. Paris: Seuil, 1979.

rico da "vanguarda" não lhe convém. Mas talvez ele estivesse pensando num uso corrente e abusivo da palavra, e não em Derrida, cujo nome ele não refere nesse trecho.

Barthes tem razão quando diz que "desconstruir é lutar contra as alienações políticas da linguagem, a dominação dos estereótipos, a tirania da normas". E ele se engana quando diz que "o deslizamento se opõe [à] desconstrução". Isso não escapou à editora daquele curso, Nathalie Léger, que observa, numa nota, que os procedimentos de Derrida se assemelham aos de Barthes no *Prazer do texto*. Diz ela: "Notemos que o *deslizamento*, que Barthes parece opor aqui à *desconstrução*, é, no entanto, um dos operadores privilegiados da mesma, assim como a *contaminação* e a *disseminação*." De fato, o *deslizamento* e o *deslocamento* praticados e defendidos por Barthes implicam o que Derrida chamou de *différance*. Além disso, sobre a questão da *herança*, que motivou essas observações de Barthes, parece-me que Derrida não diria o contrário. "Herdar", diz Barthes, "não é reconduzir, copiar, imitar, conservar." Conhecemos as posições de Derrida sobre a questão da fidelidade à herança filosófica e literária, cuja desconstrução não é anulação, mas dívida e homenagem.

Restam então duas grandes questões que ainda se oferecem à reflexão: a afirmação concernente à sociedade e aquela que diz respeito à metalinguagem. Barthes diz: "Talvez ainda não seja o tempo: a sociedade não acompanha." Poderíamos, sem dúvida, nos perguntar em que medida o trabalho da desconstrução afeta ou pode afetar a sociedade atual, que é talvez ainda mais alienada do que a de 24 anos atrás, momento em que Barthes pronunciou aquela aula. E ainda teríamos de nos entender sobre a palavra *sociedade* (de que sociedade se trata?) e, de modo mais largo, sobre o poder do discurso ou da escrita sobre a *realidade*; ou, ainda mais, sobre a intenção de Derrida de ser *seguido pela sociedade*.

Havia, em Barthes, uma utopia social declarada, de inspiração marxista, da qual ele começava a duvidar: "talvez [a sociedade] não acompanhará nunca". Em *Spectres de Marx*[11], e nas entrevistas acerca desse livro, Derrida fala justamente da *herança*, de nosso "tempo desconjuntado, *out of joint*"[12], discute as questões do luto e da "melancolia geopolítica". Não podemos mais falar hoje, como o fazia Barthes, da *sociedade*, já que esta se multiplicou, ou mesmo se pulverizou com a globalização. E não podemos mais falar do tempo com a visada teleo-

---
11. Paris: Galilée, 1993.
12. "Marx, c'est quelqu'un", in *Marx en jeu*. Paris: Descartes & Cie, 1997.

lógica implícita na consideração de Barthes: "talvez ainda não seja o tempo". É por isso que Derrida fala de *tempo* e *contratempo*. Em suma, Derrida nos convida a substituir a utopia política por uma abertura ao porvir que, embora baseada na justiça e crítica com relação ao capitalismo neoliberal, é menos diretiva, menos impositiva, mais arriscada e, por isso mesmo, mais corajosa.

A segunda questão levantada por Barthes também se presta à reflexão. Ele diz que uma língua nunca pode ser desconstruída do exterior. Ele aí reitera, sem dúvida, a recusa da metalinguagem que exprimira em sua aula inaugural no Collège de France, ao dizer: "não posso permanecer para sempre *fora* da linguagem, tratando-a como um alvo, e *dentro* da linguagem, tratando-a como uma arma" (*L*, p. 35). Ora, podemos dizer que a linguagem é, para Derrida, ao mesmo tempo um alvo e uma arma. Mas a escrita de Derrida seria, por isso, uma metalinguagem? Infelizmente, o tempo e as circunstâncias não permitiram que Barthes e Derrida discutissem publicamente essas grandes questões. Só podemos lamentar que isso não tenha ocorrido, e ainda mais porque sabemos que eles estavam de acordo sobre o essencial.

Retomarei, para terminar, a carta de Barthes sobre Derrida, examinando sua última parte. Diz Barthes:

> [As] intervenções literárias [de Derrida] (sobre Artaud, sobre Mallarmé, sobre Bataille) foram decisivas, isto é, irreversíveis. Devemos a ele palavras novas, palavras ativas (aquilo que em sua escrita é violento, poético) e uma espécie de deterioração incessante de nosso conforto intelectual (aquele estado em que nos reconfortamos com o que pensamos). Há enfim, em seu trabalho, algo de calado, que é fascinante: sua solidão vem daquilo que ele vai dizer.

Silêncio de Derrida? O senso comum, a Doxa, se surpreenderia. Derrida não é aquele que fala muito e constantemente, em seus múltiplos cursos e seus numerosos livros? Solidão de Derrida? Derrida não é o filósofo atual mais cercado de discípulos, de admiradores, de seguidores, de amigos? Se deixarmos de lado essa imagem superficial, midiática, de Derrida, poderemos ver a que Barthes se referia. É exatamente porque ele cala muitas coisas, por escrúpulo intelectual e ético, por desconfiança daquilo que a linguagem pode dizer à nossa revelia, ou não pode dizer, que Derrida fala e escreve tanto, na esperança desvairada de ser exato, de ir até o fim de seus pensamentos que não têm fim, e de ser compreendido como ele gostaria de ser. Nessa corrida desenfreada contra o tempo e a linguagem, Derrida está sempre mais à frente do que seus ouvintes e leitores, e, de fato, "sua solidão vem daquilo que ele vai dizer". Naquilo que ele vai dizer, haverá sempre "uma chance e um perigo", e esse risco ele o enfrenta sozinho. E nós outros, que admiramos e amamos Derrida, permanecemos a seu lado em estado de espera, de escuta apaixonada e de confiança incondicional.

DECLÍNIO DA LITERATURA?
SARTRE, BARTHES E BLANCHOT*

O ensaio "O que é a literatura?" de Jean-Paul Sartre, publicado em 1948[1], marcou profundamente a teoria literária francesa do século XX. Esse ensaio teve uma influência determinante sobre os principais teóricos franceses da literatura, na segunda metade do século XX. Entre eles, Roland Barthes e Maurice Blanchot. Suas primeiras obras são respostas indiretas, ora concordantes, ora divergentes, à pergunta formulada pelo filósofo existencialista.

Na primeira parte desse texto, Sartre registra, com notável firmeza e capacidade de síntese, algumas convicções sobre a literatura que eram consensuais naquele momento histórico: 1) escrever é transformar o real: "Falar é agir; toda coisa nomeada já não é exatamente a mesma, ela perdeu sua inocência" (p. 72); a literatura é desvendamento do real: "Escrever é pedir ao leitor que ele faça passar à existência objetiva o desvendamento empreendido por meio da linguagem" (p. 96); 2) o texto literário é livre, isto é, não é um instrumento visando a qualquer fim prático imediato: "O livro não é, como um utensílio, um meio com vistas a um fim qualquer: o fim que ele se propõe é a liberdade do leitor" (p. 97); 3) a despersonalização do escritor e do leitor, com relação às suas emoções pessoais: "A decisão de escrever supõe que [o escritor] tome distância com relação a suas afeições; em suma, que ele tenha transformado suas emoções em emoções livres, como faço com as minhas ao lê-lo, isto é, que ele esteja em atitude de generosidade. Assim, a leitura é um pacto de generosidade entre o autor e o leitor" (p. 104); 4) a literatura é depositária e dispensadora de conhecimento: "Através de alguns objetos que ele produz ou reproduz, é a uma retomada total do mundo que visa o ato criador. Cada quadro, cada livro é uma recuperação da totalidade do ser" (p. 106); 5) a representação lite-

---
* Texto revisto e modificado de uma comunicação apresentada no Colóquio "Barthes/Blanchot. Um encontro possível?", promovido pela Universidade Federal Fluminense no Rio de Janeiro, em novembro de 2005, publicada no livro *Barthes/Blanchot. Um encontro possível?*, org. André Queiroz, Fabiana de Moraes e Nina Velasco e Cruz (Rio de Janeiro: 7 Letras, 2007).
1. Jean-Paul Sartre, "Qu'est-ce que la littérature?", in *Situations II*. Paris: Gallimard, 1948. Esse livro será doravante designado pela sigla *S* II.

rária tem condições específicas: "O erro do realismo foi crer que o real se revelava à contemplação e, por conseguinte, podíamos fazer dele uma pintura imparcial. Como poderia isso ser possível, já que a própria percepção é parcial, já que, por si só, a simples nomeação é modificação do objeto?" (p. 110); 6) a literatura é exercício da liberdade: "Assim, as afeições do leitor não são jamais dominadas pelo objeto e, como nenhuma realidade exterior as pode condicionar, elas têm sua fonte permanente na liberdade, isto é, elas são todas generosas – pois chamo de generosa uma afeição que tem a liberdade como origem e como fim" (p. 100); 7) a literatura é inseparável da democracia: "A arte da prosa é solidária do único regime em que a prosa conserva um sentido: a democracia. Quando uma é ameaçada, a outra também o é" (p. 113).

O escritor, para Sartre, é "uma consciência sem data e sem lugar, em suma, o *homem universal*". (Afirmação que hoje em dia seria condenada como "eurocêntrica", já que, paradoxalmente, a "globalização" pôs a "universalidade" sob suspeita.) Sartre prossegue: "E a literatura, que o liberta, é uma função abstrata e um poder *a priori* da natureza humana; ela é o movimento pelo qual, a cada instante, o homem se liberta da história; em suma, é o exercício da liberdade" (pp. 149-50).

É preciso lembrar o contexto histórico em que Sartre escrevia: o pós-guerra, quando a experiência da Ocupação, da Resistência, do horror nazista estava ainda muito viva na lembrança dos intelectuais, e palavras como "engajamento", "liberdade" e "democracia" eram altamente valorizadas. O "engajamento literário" proposto por Sartre não se identificava, porém, como se pensa vulgarmente, com a "literatura de mensagem", com a literatura política panfletária. Era um engajamento com as potencialidades do ato de escrever, principalmente com suas potencialidades de ação histórica.

Entretanto, no capítulo IV, "Situação do escritor em 1947", Sartre pratica um engajamento de militante marxista. Por isso, esse capítulo tem hoje um valor puramente documental. Contém julgamentos negativos sobre os escritores "burgueses" (entre os quais alguns reconhecidos hoje como excelentes escritores franceses do século XX), uma condenação formal do surrealismo e, correlatamente, uma valorização da "ditadura do proletariado" (p. 223), assim como a esperança de uma literatura que alcançasse o "leitor proletário". Ora, esse desejo de uma literatura ancorada no real histórico, pela temática e pelo público leitor, leva Sartre a várias contradições entre esse capítulo e os primeiros de "O que é a literatura?" e entre os juízos expressos no interior desse capítulo. Mas não cabe aqui desenvolver essa análise.

Basta-nos ressaltar uma afirmação como esta:

> A literatura do entre-duas-guerras sobrevive penosamente. [...] É que a defasagem se acentuou, não entre o autor e seu público – o que estaria, afinal, na grande tradição literária do século XIX –, mas entre o mito literário e a realidade histórica (*S* II, p. 241).

O que Sartre chama de "mito literário" é aquela literatura que ele aprendeu nos bancos do liceu e nos anfiteatros da Sorbonne, literatura do "além", da "salvação pela arte" e da "retórica" (p. 240). Veremos, mais adiante, a redefinição positiva desse "mito literário" por Barthes e Blanchot. Por enquanto, interessa-nos lembrar que Sartre concluía seu famoso ensaio com a seguinte observação-advertência:

> Nada nos garante que a literatura seja imortal [...] afinal, a arte de escrever não é protegida pelos decretos imutáveis da Providência; ela é o que os homens fazem dela, eles a escolhem escolhendo-se a si mesmos. Se ela estivesse fadada a se tornar pura propaganda ou puro divertimento, a sociedade recairia na vida sem memória dos himenópteros e dos gastrópodes. É claro que isso não é muito importante: o mundo pode passar muito bem sem a literatura. Mas pode passar ainda melhor sem o homem (*S* II, p. 316).

Cinco anos depois do ensaio de Sartre, em 1953, Roland Barthes publicou *O grau zero da escrita*, que foi logo apontado por Blanchot como "um dos raros livros em que se inscreve o futuro das letras"[2]. Em *O grau zero*, Barthes não pergunta "O que é a literatura?", mas "O que é a escrita?". Imbuído das questões sartrianas e ancorado na sociologia, *O grau zero* começa por considerações sobre a história e a liberdade do escritor, que ele vê de modo mais complexo e mais sombrio do que Sartre. Ele aponta uma "explosão" da unidade clássica, "que corresponde a uma grande crise da História total [...] no momento mesmo da virada entre duas estruturas econômicas, acarretando em sua articulação mudanças decisivas de mentalidade e de consciência" (*DZ*, p. 17). No capítulo "Triunfo e ruptura de escrita burguesa", Barthes fala do caráter "trágico da literatura", devido à perda da universalidade. As escritas começam a multiplicar-se (a "trabalhada", a "populista", a "neutra", a "falada"). Como consequência: "Cada vez que o escritor traça um

---

2. Maurice Blanchot, *Le livre à venir*. Paris: Gallimard, 1959, p. 250. Esse livro será doravante designado pela sigla *LV* [*O livro por vir*. Trad. Leyla Perrone-Moisés, São Paulo: Martins Fontes, 2005].

complexo de palavras, é a própria existência de Literatura que é posta em questão; o que a modernidade dá a ler na pluralidade de suas escritas é o impasse de sua própria História" (*DZ*, p. 45).

Outros pontos de *O grau zero* apontam para essa visão pessimista da literatura da modernidade. O capítulo sobre a poesia moderna, em que ele retoma a definição sartriana da "palavra-objeto", tem formulações de descrença sobre a sociabilidade de tal poesia:

> Essas palavras-objetos sem ligação, equipadas com toda a violência de sua explosão, cuja vibração puramente mecânica toca estranhamente a palavra seguinte mas de imediato se apaga, essas palavras poéticas excluem os homens; não há um humanismo poético da modernidade; esse discurso altivo é um discurso cheio de terror, isto é, coloca o homem não em ligação com outros homens, mas com as imagens mais desumanas da Natureza: o céu, o inferno, o sagrado, a infância, a loucura, a matéria pura etc. (*DZ*, p. 39).

Outra questão complica a função social da escrita: a intransitividade. A escrita literária moderna tem dois objetivos contraditórios: dizer a história (voltar-se para o mundo) e dizer a literatura (voltar-se para si mesma). A autorreflexividade implica uma renúncia ao referente e ao destinatário: "A escrita não é, de modo algum, um instrumento de comunicação" (*DZ*, p. 18).

Uma importante diferença se revela, com relação ao famoso ensaio de Sartre. Este separava, nitidamente, a prosa da poesia, reservando à primeira um papel transitivo (de ação no mundo), e à segunda um papel intransitivo. Para Sartre, somente a prosa pode ser engajada, porque a poesia não utiliza as palavras do mesmo modo que a prosa. Diz ele:

> A poesia não utiliza [as palavras] da mesma maneira que a prosa; eu diria, antes, que ela se põe a serviço delas. Os poetas são homens que se recusam a *utilizar* a linguagem [...]. Na verdade, o poeta se retirou totalmente da linguagem instrumento; escolheu, de uma vez por todas, a atitude poética que considera as palavras como coisas e não como signos. [...] A prosa é utilitária por essência, [nela] as palavras não são objetos, mas designações de objetos (*S* II, pp. 63-4 e 70).

Barthes não distingue tão abruptamente os gêneros, e sua distinção entre "escrita" e "estilo" se aplica a qualquer texto. E, um pouco mais tarde, em "Escritores e escreventes", ele recusará aos "escreventes" a qualidade de "literários":

Para o escritor, *escrever* é um verbo intransitivo. [...] Eis por que é derrisório pedir a um escritor que *engaje* sua obra. [...] Para o escritor, a verdadeira responsabilidade consiste em suportar a literatura como *um engajamento malogrado*, como um olhar mosaico sobre a Terra Prometida do real (*EC*, pp. 149-50).

Ao desenvolver, posteriormente, a "teoria do texto", Barthes se afastaria definitivamente de Sartre. Como diz Mikel Dufrenne:

O que seduz Barthes na obra como texto é o que há nela de desconstrução: a explosão das estruturas. E, ao mesmo tempo, o plural: plural do texto, plural das leituras, plural até mesmo da leitura, que se torna errante, múltipla. O plural é, para Barthes, o que a negação é para Sartre: o instrumento da subversão no próprio coração do mesmo, do idêntico, do imutável, o apelo à transgressão do sistema. A teoria do texto é uma antiteoria, assim como a dialética, em Sartre, é uma dialética negativa.[3]

A conclusão de Barthes, em *O grau zero*, não era pessimista:

Cada escritor que nasce abre em si o processo da Literatura; mas se ele a condena, concede-lhe sempre um prazo que a Literatura utiliza para reconquistá-lo. [...] A multiplicação das escritas institui uma Literatura nova na medida em que esta não inventa sua linguagem senão para ser um projeto: a literatura se torna Utopia da linguagem (*DZ*, pp. 64-5).

Seduzido por essa "utopia da linguagem", durante as décadas de 1960 e 1970 Barthes tornou-se o grande defensor das obras de vanguarda que lhe pareciam corresponder à "teoria do texto" ou da "escritura". A "teoria da escritura" se ancorava num projeto político de "revolução" artística e social, mantendo um vínculo acrobático com o marxismo. No fim de sua vida, muito menos utópico e francamente descrente de uma revolução que desalienasse a sociedade e as linguagens, Barthes passou a declarar, cada vez mais frequentemente, seu amor pela grande literatura, de Chateaubriand a Proust. Em seu último curso no Collège de France (1978-80), há várias observações sobre o fim da literatura. Logo na primeira aula, declara: "Algo ronda nossa História: a Morte da literatura" (*PR*, p. 49).

Aparece então uma tragicidade, não mais da literatura moderna, mas do próprio Barthes, dilacerado entre a consciência do declínio da literatura e seu intenso desejo por ela:

---

3. "Présentation", in *Sartre/Barthes, Revue d'esthétique*, nouvelle série, n.º 2. Paris, 1981, p. 8.

ARCAÍSMO E DESEJO. O que aflora então na consciência – ou semiconsciência – coletiva é certo *arcaísmo* da literatura, e portanto certa marginalização (→ fala-se sempre das marginalidades como sendo, por direito, "jovens", mais ou menos vanguardistas; mas há margens do Tempo, da História, que seriam igualmente dignas de serem situadas, compreendidas). Ora, este é nosso problema: essa "arcaização" da literatura é copresente (concomitante) a um Desejo forte dessa mesma literatura (*PR*, p. 351).

Esse desejo de literatura pode ser ainda mais agudo, mais vivo, mais presente porque posso sentir a literatura em vias de fenecer, de se abolir: nesse caso, eu a amo com um amor penetrante, perturbador, como se ama e se cerca com os braços aquilo que vai morrer [...] Esse sentimento de que a *literatura*, como Força Ativa, Mito vivo, está não em crise (fórmula fácil demais), mas talvez *em vias de morrer* = alguns sinais, entre outros, de desuso (ou de falta de fôlego) (*PR*, p. 353).

Os sinais de desuso apontados por Barthes são: o desprestígio do ensino da literatura; a inexistência de "líderes literários", isto é, da figura social do grande escritor; o descrédito da noção de obra; a falta de uma nova retórica, isto é, de uma arte de escrever; o desaparecimento do herói literário, aquele para quem a literatura era maior do que a vida (Mallarmé, Kafka, Flaubert, Proust). Em suma, só a poesia parece-lhe capaz de salvar a literatura: "Poesia = prática da sutileza num mundo bárbaro. Daí a necessidade de lutar *hoje* pela Poesia: a Poesia devia fazer parte dos 'Direitos do Homem'; ela não é decadente, é subversiva: subversiva e vital" (*PR*, p. 82).

Assim como Roland Barthes, e muito próximo dele em muitas colocações, Maurice Blanchot também teve o ensaio de Sartre como um de seus pontos de partida. Em *O espaço literário* (1955)[4], ainda imbuído das preocupações políticas oriundas da guerra, Blanchot discute longamente a questão do "engajamento" do escritor, dilacerado entre as exigências exteriores da história e as exigências interiores da arte.

E a questão do "fim da arte", suscitada pela célebre formulação de Hegel, já se coloca nesse livro:

A quantas anda a arte, o que acontece com a literatura? A arte é pois, para nós, coisa do passado? Mas por que essa pergunta? Parece que ela foi, outrora, a linguagem dos deuses; parece que, tendo os deu-

---

4. Maurice Blanchot, *L'espace littéraire*. Paris: Gallimard, 1955. Citarei essa obra a partir de sua reedição na Collection Idées (Paris: Gallimard, 1968) e será doravante designada pela sigla *EL*.

ses fugido, a arte tenha ficado como a linguagem que fala da ausência dos deuses, de sua falta [...] É visível que a perturbação profunda da arte, manifesta com maior evidência na literatura que, pela cultura das formas da linguagem, abre-se imediatamente à ação histórica, esse extravio que a faz buscar-se na exaltação de valores que só podem subordiná-la, provém do mal-estar do artista num mundo onde ele se vê injustificado (*EL*, pp. 291-2).

A modernidade poética é caracterizada por Blanchot, apoiado em Hölderlin, como "tempo de desamparo":

> Parece que a arte deve ao desaparecimento das formas históricas do divino o tormento tão estranho, a paixão tão séria que a anima. Ela era a linguagem dos deuses e, tendo os deuses desaparecido, ela se tornou a linguagem em que se exprime esse desaparecimento e, depois, aquela em que esse desaparecimento cessou ele mesmo de aparecer. [...] O próprio, a força, o risco do poeta é ter morada ali onde falta um deus, naquela região onde a verdade não existe. *O tempo do desamparo* designa aquele tempo que, em todos os tempos, é próprio da arte, mas que, quando historicamente os deuses faltam e o mundo da verdade vacila, emerge na obra como a preocupação na qual ela tem sua reserva, que a ameaça, a torna presente e visível (*EL*, p. 335).

Quanto à questão do "engajamento", Blanchot se opõe frontalmente a Sartre: "Aquele que reconhece como sendo sua tarefa essencial a ação eficaz no seio da história não pode preferir a ação artística. A arte age mal e age pouco" (*EL*, p. 284).

Em *O livro por vir* (1959), em vez de procurar responder à pergunta "O que é a literatura?", ele preferiu especular sobre a questão: "Para onde vai a literatura?". E sua resposta é a seguinte: "A literatura vai em direção a ela mesma, em direção à sua essência, que é o desaparecimento." (*LV*, p. 237). O diagnóstico de Blanchot se estendia à arte em geral:

> A arte não é mais capaz de portar a necessidade de absoluto. [...] A arte só está próxima do absoluto no passado, e é apenas no Museu que ela ainda tem valor e poder. Ou então, desgraça mais grave, ela decai até se transformar em simples prazer estético ou auxiliar da cultura. Isso é sabido. É um futuro já presente. No mundo da técnica, podemos continuar louvando os escritores e enriquecendo os pintores; podemos honrar os livros e enriquecer as bibliotecas; podemos reservar um lugar à arte porque ela é útil ou porque é inútil, constrangê-la, reduzi-la ou deixá-la livre. Seu destino, nesse caso favorável, é talvez o mais desfavorável. Aparentemente, a arte não é nada se não é soberana. Daí

o mal-estar do artista, por ser ainda alguma coisa num mundo onde ele se vê, entretanto, injustificado (*LV*, pp. 237-8).

Não é espantoso que isso tenha sido escrito há mais de meio século? A visão da arte e da literatura, em Blanchot, é orientada pela força do "negativo" e do "neutro", que faz com que elas possam subsistir como contestação, em tempos adversos. Mas como a tendência da obra, na modernidade, é a de voltar-se para sua própria essência, para sua própria origem, o prosseguimento da atividade artística ou poética se torna problemático. Saudando a obra recém-publicada de Barthes, observava Blanchot:

> Orientando-nos, por uma reflexão importante, para aquilo que chamou de grau zero da escrita, Roland Barthes talvez tenha designado também o momento em que a literatura poderia ser agarrada. Mas, nesse ponto, ela não seria somente uma escrita branca, ausente e neutra, ela seria a própria experiência da "neutralidade", que jamais ouvimos, pois quando a neutralidade fala, somente aquele que lhe impõe o silêncio prepara as condições de escuta; e, no entanto, o que há para ser ouvido é aquela fala neutra, aquilo que sempre já foi dito, que não pode cessar de dizer-se e não pode ser ouvido, tormento de que as obras de Samuel Beckett nos dão o pressentimento (*LV*, p. 255).

O livro por vir tem como títulos de capítulos: "Uma arte sem futuro", "O desaparecimento da literatura" e "Morte do último escritor". Mas esses capítulos finais não são tão apocalípticos nem tão pessimistas quanto parecem indicar seus títulos. Ao mesmo tempo que aponta os sinais de uma mutação social e tecnológica adversa à literatura, ele vê como normais e inelutáveis as "metamorfoses às quais já se abrem, sem que o saibamos, nossos hábitos, mas se recusam ainda nossas tradições" (*LV*, p. 246). Observa também que ler e escrever desempenham um papel novo e muito diferente do que tinham antes. Ele não atribui isso, como os humanistas moralizantes, ao individualismo, à perda dos valores comuns, à divisão profunda do mundo, à dissolução do ideal e da razão, mas ao fato de que, "se a literatura nos aparece hoje num estado de dispersão desconhecido em épocas anteriores, ela o deve àquela licença que faz dela o lugar de ensaios sempre renovados" (*LV*, p. 249). Como espaço de liberdade, a literatura moderna é dispersiva e surpreendente. Decepcionante, diria Barthes, como resposta a nossas expectativas codificadas, e estimulante, na medida em que ela é pergunta, e não resposta.

Entre o pós-guerra imediato de Sartre e o fim do século XX, ocorreram grandes mudanças nas práticas artísticas: a pintura abstrata e a arte *pop* norte-americana, as experimentações musicais de Cage, Boulez e Stockhausen, o *nouveau roman* francês. A questão do "engajamento" perdeu muito de sua importância, e a "liberdade", tão prezada por Sartre, exerceu-se num sentido de libertação das artes com relação às formas e aos gêneros. Blanchot viu, mais longe do que Sartre podia ver, os "riscos" que essa libertação acarretava para os próprios fundamentos dos conceitos de arte e de literatura. Barthes, depois de ter feito incursões semiológicas na cultura de massa e ter defendido com entusiasmo as mais arriscadas práticas de escritura, rendeu-se finalmente à saudade da grande literatura do passado e à melancolia de vê-la terminada: "A literatura hoje: isto me faz pensar no final da sinfonia de Haydn, *Os Adeuses*: os instrumentos se vão, um após outro; ficam dois violinos (eles continuam a tocar à terceira); eles resistem, mas assopram sua vela: heroicos e cantantes" (*PR*, p. 359).

Assim como, *a posteriori*, Barthes qualificou de "delírio cientificista" sua fase semiológica, ele parece ter finalmente considerado um "delírio vanguardista" sua fase da teoria do Texto. Nessa última fase, Barthes se aproximou perigosamente de teóricos apocalípticos e conservadores cujas posições morais e políticas ele sempre combatera[5].

Note-se que os próprios textos de Sartre, Barthes e Blanchot já soam, hoje, como preciosamente antigos. Apesar das diferenças, eles falam da literatura com uma seriedade, um respeito e uma preocupação que parecem arcaicos em nossa época de *best-sellers* góticos e livros de autoajuda, de feiras de livros e de prêmios milionários, de escritores midiáticos apoiados por editoras e agentes, para os quais a literatura vai muito bem, obrigada.

Sartre temia que a literatura se tornasse pura propaganda política ou puro divertimento. Ele não podia prever, em 1948, o poderoso advento da comunicação de massa e a concorrência que o livro e a literatura enfrentariam perante os novos meios audiovisuais e a informática.

Blanchot permaneceu fiel à sua reflexão sobre a "essência da literatura", que concernia aos escritores da alta modernidade, mas deixava o porvir aberto como desconhecido. Sua originalidade consiste em ter previsto que duas forças concorriam para o "fim da literatura": uma força externa, o "ruído" exterior do mundo, a substituição do escritor pelo publicitário, e uma força interna, o mergulho da literatura moderna em sua própria essência.

---

5. Ver, a esse respeito: Antoine Compagnon, "Roland Barthes en saint Polycarpe", in *Les antimodernes, de Joseph de Maistre à Roland Barthes*. Paris: Gallimard, 2005, pp. 404-40.

Barthes desapareceu descrente do futuro da literatura: "A ameaça de definhamento ou de extinção que pode pesar sobre a literatura soa como um extermínio de espécie, uma forma de genocídio espiritual" (*PR*, p. 190)[6]. Apesar de ter sido o primeiro a falar expressamente do declínio da literatura, Blanchot continua atual em suas colocações de *O livro por vir*, quando dizia:

> A essência da literatura escapa a toda determinação essencial, a toda afirmação que a estabilize ou mesmo que a realize; ela nunca está ali previamente, ela deve ser sempre reencontrada ou reinventada. Nem é mesmo certo que a palavra literatura ou a palavra arte correspondam a algo de real, de possível ou de importante. Isto já foi dito: ser artista é nunca saber que já existe uma arte, nem que já existe um mundo (*LV*, p. 244).

E, numa das últimas notas do volume, deixava em aberto a questão do "fim da literatura":

> As noções de livro, de obra e de arte respondem mal a todas as possibilidades futuras que nelas se dissimulam. A pintura de hoje nos faz sentir que o que ela procura criar, suas "produções", não podem mais ser obras, mas desejariam responder a algo para que ainda não temos nome. O mesmo acontece com a literatura. Aquilo para que vamos não é, talvez, nada do que o futuro real nos dará. Mas aquilo para que vamos é pobre e rico de um futuro que não devemos imobilizar na tradição de nossas velhas estruturas (*LV*, p. 297).

Esse futuro já é nosso presente. Cabe agora a nós pensar as mutações da literatura ocorridas após esses grandes teóricos: o novo conceito de "cultura", particularista e não necessariamente ligado às letras; a mercantilização da edição; a obsolescência do livro de papel; o declínio do ensino da literatura, transformado em meras técnicas de "comunicação e expressão". Por mais proféticos que fossem, nenhum deles poderia prever as novas experiências trazidas pela informática, como a Internet, o hipertexto e a transliteratura[7].

Talvez o sentido da palavra "literatura" esteja sofrendo, hoje, uma de suas grandes mutações e não tenhamos ainda conceitos para anali-

---

6. Como se temesse o caráter excessivo dessa declaração, Barthes riscou-a, no manuscrito, e não a leu em aula.
7. O hipertexto e a transliteratura foram ambos propostos e teorizados por Ted Nelson (Theodor Holm Nelson), professor da Universidade de Oxford. Note-se que as primeiras pesquisas de Ted Nelson sobre o hipertexto se inspiravam no livro *S/Z*, de Barthes.

sar e avaliar essa mudança. Depois de décadas muito produtivas, a teoria da literatura sofreu um eclipse, ocasionado em grande parte pela perplexidade diante das novas práticas e das novas formas de consumo da escrita e da leitura.

É preciso também dizer que o mundo se tornou muito maior, na consciência e no alcance do público leitor. O repertório de Sartre, em "O que é a literatura?", ou de Barthes, em *O grau zero da escrita*, era quase exclusivamente francês. Blanchot incluía as literaturas alemã, inglesa, e chegava até Borges, o que já era uma abertura (mas o próprio Borges se considerava "um europeu exilado"). As traduções e publicações de obras de outras línguas e culturas cresceram muito desde então. E o grande problema mundial, que não concerne apenas à literatura, é achar denominadores comuns entre as várias culturas que hoje se comunicam muito e ainda se entendem pouco.

No presente, alguns escritores continuam cultivando a "alta literatura" definida por esses três grandes ensaístas, sem grandes inovações e com um público reduzido. Como dizia Sartre, "a arte de escrever é o que os homens fazem dela, eles se escolhem ao escolhê-la". O conceito de "literatura", como o conceito de "homem", é histórico, portanto mutante. Se os novos escritores e os novos leitores darão à literatura uma nova definição e outra forma de existência artística e social, é algo que ainda não podemos saber. Mas, para refletir sobre o estado atual da literatura, não podemos prescindir desses três grandes ensaístas do século XX.

Algumas entrevistas

Entrevista para alunos da Faculdade Cásper Líbero*

Quais são as heranças de Barthes em relação aos estudos de literatura, linguagem e sociedade?
A influência de Barthes é sutil. A maior parte de sua obra não contém teoria forte nem modelos analíticos aplicáveis. Mas tem o charme de seus escritos e o atrativo de sua personalidade liberal. Ele sempre se manteve firme na luta contra as linguagens estereotipadas, a ideologia disfarçada em natureza, a arrogância e o autoritarismo discursivo. O saber presente em sua obra, embora vasto, nunca se tornou pesado. Pelo contrário, foi explorado como fonte infinita de prazeres. Nos textos de Barthes, encontramos uma coisa rara: a presença da sensualidade, do afeto e do humor no discurso acadêmico. Um saber com sabor. Em uma época como a que vivemos, de barbárie política e cultural, a inteligência e a delicadeza de Barthes são, ao mesmo tempo, anacrônicas e necessárias.

Até que ponto a especulação entre linguagem e sociedade proposta por Barthes tem aplicações diretas quando dirigida a um estudo sociológico?
As propostas de Barthes não têm aplicações diretas. No início de sua carreira, ele teve uma inspiração sociológica marxista. Isso aconteceu por volta dos anos 1950 e revela-se principalmente em *Mitologias* e *O grau zero da escrita*. Mas essa inspiração foi progressivamente abandonada.

Para Barthes, como a semiologia pode contribuir no desenvolvimento das ciências e da literatura? Essa mistura teria a intenção de reparar ou trapacear os mecanismos de poder intrínsecos à linguagem?
Nos anos 1960, durante um breve período de sua carreira, Barthes praticou e defendeu a semiologia. Logo depois, abandonou-a como projeto científico, em proveito do que ele chamou de *écriture* ou *texte*, projeto criativo de escritor.

---

* "Inteligência e delicadeza de Barthes são anacrônicas e necessárias", Guilherme Sardas e Felipe Zangari, 3º ano de jornalismo, 2003.

Em *Aula*, defendeu uma semiologia ativa, que não tinha mais nada em comum com a "aventura semiológica" da década de 1960 (baseada na linguística estrutural) e que mais se parecia com uma "ficção". O que pode trapacear os mecanismos de poder é a literatura.

A riqueza de uma língua a torna menos suscetível às manifestações de poder?

Toda língua tem sua riqueza. Por razões históricas, algumas são mais poderosas. Em alguns casos tornam-se imperiais, como acontece com o inglês e o espanhol nos dias de hoje. Por motivos políticos, essas línguas transmitem fórmulas mais poderosas. Mas as causas de seu poderio não são intrínsecas a elas. O poder não é autóctone à língua, mas a utiliza, transformando-a e adequando-a a sua contínua legitimação.

As ciências trariam mais frutos para a sociedade se fosse promovida uma associação entre linguagem literária e linguagem técnico-científica?

Não vejo vantagens nesse tipo de combinação. Teríamos uma linguagem pouco científica ou pouco poética. É preciso observar que toda atividade científica tem algo de artístico, por seu lado inventivo, e toda atividade literária tem algo de científico, referente ao conhecimento do mundo e de seu funcionamento.

Entrevista a
Marcelo Pen*

No prefácio de 1988 ao *Rumor da língua*, a senhora fala do "furor" que causava a publicação das obras de RB nos anos 1960 e 1970, algo que já andava arrefecido no final da década de 1980. Qual a importância de ler RB hoje, num mundo ainda mais "globalizado", "pós-moderno", "pós-estruturalista"?
(Tenho uma hipótese de trabalho, gostaria de saber se concorda com ela. Ao ler e reler os trabalhos de RB, surpreendeu-me a amplitude das áreas de estudo em que ele atua: semiologia, estudos literários (produção e leitura de textos), sociologia, política, pedagogia etc. etc., mas sempre mostrando uma singular coerência de pensamento. Tomando como exemplo Mikhail Bakhtin, cuja obra também se espraia por diversas áreas, a senhora acredita que, daqui a alguns anos, assim como o russo, RB não poderá começar a ser visto como um filósofo, ou um pensador, que "usa" a literatura, a moda, a cultura japonesa, o discurso amoroso, ou qualquer outro tema para expressar suas ideias?)
    De fato, na década seguinte a seu desaparecimento, em 1980, sua obra entrou numa espécie de purgatório, como costuma acontecer com os autores que marcaram uma época. Dos poucos livros que saíram sobre ele, naquela década e na seguinte, alguns eram até ofensivos à sua memória. As coisas mudaram no ano 2000, quando foram celebrados os vinte anos de sua morte com um importante colóquio na Universidade de Yale, que se intitulava "Twenty years after", e teve a participação de grandes nomes como Susan Sontag. Nesse mesmo ano, o acervo Roland Barthes, incluindo sua biblioteca pessoal, manuscritos e desenhos, foi doado por seu único irmão e herdeiro ao Imec (Instituto da Memória das Edições Contemporâneas), e iniciou-se a publicação de suas obras completas, coordenada por um ex-discípulo, Éric Marty. Em 2002, uma grande exposição no Centre Georges Pompidou atraiu milhares de espectadores. Foi uma exposição multimídia, na qual cada etapa da obra de Barthes era ilustrada por quadros, objetos, vídeos e gravações de sua bela voz. No centro da exposição, viam-se sua biblio-

---

* Publicada em síntese na *Folha de S.Paulo*, 14/8/2004, com o título "Barthes repudia imortalidade desagradável".

teca e um simulacro de jardim zen. E, no fundo, uma imensa parede coberta por suas inúmeras fichas manuscritas.

A publicação das obras completas em cinco volumes (pela editora Seuil), contendo várias dezenas de artigos inéditos em livro ou verdadeiramente inéditos, mostrou aquilo que você observa: a amplitude das áreas em que ele atuou.

Quanto a considerá-lo filósofo ou pensador, eu não concordaria, porque, mesmo que haja uma "pensividade" (o neologismo é dele) em seus escritos, os conceitos ali emitidos são inseparáveis de sua forma inconfundível de escrever, o que faz dele um escritor no sentido pleno da palavra. Ele usa, sim, cada um de seus temas como um pretexto, mas o objetivo não é o conhecimento desses temas, é apenas a resposta a algo que o tocou pessoalmente e de que ele se apropria ao escrever. Seus escritos pertencem a um gênero indefinido, misto de ensaio e de romanesco, que chamei de "crítica-escritura": textos que se dão a ler ao mesmo tempo como transitivos e intransitivos, como explicativos e poéticos.

É curioso que você fale da "coerência" de seu pensamento, porque em vida ele foi censurado justamente por não ser "coerente", por mudar de posição em cada uma de suas fases ou "deslocamentos": da crítica ideológica de fundamentação marxista (*O grau zero da escrita*, *Mitologias*) ao estruturalismo e à semiologia (*Elementos de semiologia*, *Sistema da moda*); destes a uma fase assumidamente pessoal, inspirada por Nietzsche e pela psicanálise (*O prazer do texto*, *Roland Barthes por Roland Barthes*); e, finalmente, a uma fase de celebração da literatura do passado mais do que das vanguardas, fase marcada pelo desejo de escrever um romance, embora considerando que esse gênero estava esgotado. Essa última fase de Barthes, desconhecida entre nós, virá à luz com a publicação em português de seus dois últimos cursos no Collège de France (*A preparação do romance I e II*). Os autores a que ele aí recorre são Chateaubriand, Flaubert, Kafka e Proust, em contraponto à forma breve do haicai japonês. Tudo indica que Barthes não gostaria da chamada pós-modernidade, que não se identifica com o pós-estruturalismo tal como ele o viveu e teorizou. Ele também ficaria muito infeliz de assistir ao triunfo do mercado e da cultura de massa. A melancolia de sua última fase dá indícios disso.

Quais as formulações de RB que já se tornaram moeda corrente hoje em dia?

As principais formulações de Barthes que já se tornaram moeda corrente são a expressão "saber com sabor", a noção de "efeito de real" (para designar os limites do realismo em literatura), a rejeição da doxa ou opinião dominante (inspirada por Brecht), a definição de literatura como "revolução permanente da linguagem". Infelizmente, também se tornaram moeda corrente suas formulações da fase semiológica, que ele mesmo considerava muito chatas, no fim da vida. Nos últimos cursos a que me referi, ele fala do tédio de receber alunos que lhe propunham rediscutir o "estruturalismo icônico", ou a mitologia do brinquedo e da moda. E diz: "Para eles, é óbvio que não mudei, que continuo ali como uma estátua, à disposição. Ora, não estou mais ali onde me procuram. Essa é uma imortalidade desagradável."

Gostaria que a senhora falasse um pouco da sua "relação" com RB. Pelo que se depreende do prefácio citado, iniciou-se nos anos 1970, com a tradução dos *Ensaios críticos*.

Em 1975, quando fui me despedir dele, depois de uma temporada de dois anos em Paris, ele me ofereceu o livro *Roland Barthes por Roland Barthes* com a dedicatória: "como lembrança de muito trabalho em comum, com minha amizade". Ele se referia, generosamente, ao meu trabalho de tradutora, de frequentadora de seus seminários e às nossas numerosas conversas. Em suas cartas, depois disso, ele me agradecia sempre por minha "fidelidade". Eu nem imaginava, então, o quanto eu continuaria trabalhando com sua obra, sem ele. Depois de mais de vinte anos sem traduzir nada, traduzi agora seus últimos cursos, e assumi a tarefa de coordenadora da coleção Roland Barthes da Martins Fontes. Minha tarefa consiste em fazer uma seleção de inéditos, escrever algumas introduções e rever as novas traduções de várias obras. Fui eu que dei ao editor a ideia de fazer as capas da coleção com seus desenhos. Nenhum país tem edição semelhante. E posso dizer que, de um ano para cá, não passo um dia sem reler Barthes.

Quais obras de RB a senhora mais aprecia? Por quê? Quais os textos mais importantes que há dentre o material inédito agora publicado? Por quê?

Claro que é difícil dizer quais são as obras que mais aprecio. Adoro as *Mitologias*, pela acuidade e pelo humor finíssimo das observações sobre os mitos da comunicação de massa. Gosto muito do livro sobre o Japão (*L'empire des signes*), infelizmente ainda sem tradução no Brasil por problemas de direitos autorais, pertencentes à editora Skira, de Genebra*. É um texto lindo, sensual, que transmite a felicidade que

---

* *O império dos signos* foi traduzido por mim e publicado pela WMF Martins Fontes, na "Coleção Roland Barthes", em 2007.

ele encontrou no Oriente. E, no outro extremo, talvez sua obra-prima seja o último livro, sobre a fotografia: *A câmara clara*. É um livro de luto, pela perda de sua mãe, no qual a análise objetiva está permeada de uma imensa e discreta tristeza. Derrida observou, acerca desse livro, que mesmo sem ter conhecido a mãe de Barthes ficamos todos apaixonados por aquela fotografia dela em criança, a que ele se refere sem a colocar entre as numerosas ilustrações da obra. Seu luto se torna assim universal, assimilado a cada um de nossos lutos pessoais.

Dos livros agora reeditados, os *Fragmentos de um discurso amoroso* podem ser lidos como uma sofisticada autoajuda para apaixonados. E *O rumor da língua* é um livro indispensável, por reunir textos essenciais da teoria barthesiana. Dentre o material inédito em vias de publicação, os mais importantes são o verbete "Teoria do Texto" e o longo ensaio "Variações sobre a escrita", no volume *Teoria*. E todo o volume *Política*, que não foi reunido desta forma em nenhum lugar, e que, além de mostrar claramente a evolução do pensamento de Barthes com relação ao marxismo, conterá a polêmica que ele travou com Camus em 1955, "em nome do materialismo histórico". Tendo desenvolvido, mais tarde, uma profunda aversão pelo discurso militante, que ele passou a ver como uma doxa autoritária, Barthes nunca republicou os textos dessa polêmica nem se referiu a ela. Outros textos mostram, no entanto, sua fidelidade ao marxismo de Brecht e a preocupação, até o final, com a História (que ele escreve sempre com maiúscula) e com o combate à ideologia dominante (o que ele diz ser uma redundância, pois aquilo que se chama de ideologia é sempre a dominante).

ENTREVISTA A
ANTONIO GONÇALVES FILHO*

Susan Sontag definiu Barthes como um virtuoso do ensaio, ou seja, um intelectual que não deveria ser seriamente considerado pelo meio acadêmico como um teórico de estudos literários. Como a senhora analisa tal definição e qual o lugar reservado para a obra de Barthes no século XXI, em que a cultura de massa prevalece?
Susan Sontag tinha uma visão norte-americana, ou mais precisamente nova-iorquina de Barthes. Ele representava, para ela, o suprassumo do requinte parisiense, alguém muito sofisticado. Ela o conheceu e apreciou como um "dândi" encantador. Mas, quando ela diz que ele não deve ser considerado como um teórico, não é por achá-lo pouco sério, é por considerá-lo um escritor, no sentido pleno da palavra. Ela quer dizer que ele não é "aplicável" no ensino, e nisso ela tem razão. Mais recentemente, ela tem recorrido frequentemente a ele como teórico da fotografia.
Quanto à leitura de Barthes no século XXI, ela é oportuna porque ele foi um fino analista da cultura de massa e porque sua obra apresenta alternativas a esta, ou pelo menos um modo menos passivo e mais crítico de conviver com ela.

Entre as quatro fases da carreira de Barthes – isto é, a da crítica ideológica de fundamentação marxista, do estruturalismo, da descoberta do Japão e do erotismo e, finalmente, do período autobiográfico e psicanalítico –, qual a senhora considera a mais esclarecedora para uma introdução ao universo do autor?
Eu não responderia a isso em termos de "fases", mas em termos de livros. Sua obra é tão variada, que a sugestão de leitura dependeria do tipo de leitor. Para um leitor interessado em estudos de ideologia, a melhor introdução à leitura de Barthes seria *Mitologias* e, em seguida, *O grau zero da escrita*, que pertencem à primeira fase. Para um leitor apaixonado, *Fragmentos de um discurso amoroso*. Para alguém interessado em fotografia, *A câmara clara*. E assim por diante. Enfim, para um

---

* Publicada no jornal *O Estado de S. Paulo*, 19/9/2004, com o título "A revolução permanente da linguagem".

leitor inteligente e sensível, eu recomendaria qualquer uma de suas obras. Mas acho que ele mesmo, no fim de sua vida, não recomendaria a leitura de suas obras estruturalistas e semiológicas, que foram as que mais envelheceram.

Seu contato com Barthes remonta aos últimos seminários que a senhora frequentou em Paris. Qual foi a primeira forte impressão que ele provocou e as razões que a levaram a estudar sua obra?

Meu contato com Barthes não ocorreu em seus últimos seminários, mas muito antes. Fui apresentada a Barthes em 1968, e no primeiro encontro dei-lhe a cópia de um artigo sobre ele que eu havia publicado no Suplemento Literário de O Estado de S. Paulo. No dia seguinte, ele me enviou uma carta, dizendo que queria me ver com mais calma. Foi o começo de uma amizade que considero um dos maiores presentes que a vida me deu. Logo depois desses primeiros encontros, eu comecei a traduzir suas obras no Brasil, e o contato com ele foi constante, pessoalmente ou por cartas, até poucos meses antes de sua morte, em 1980. A primeira impressão que tive dele não foi desmentida posteriormente. Encontrei nele um mestre não dogmático, afetuoso, desprovido de qualquer pose acadêmica e dotado de um grande senso de humor.

Há dois anos o Centre Georges Pompidou organizou uma exposição multimídia que atraiu centenas de pessoas. Como explicar a popularidade de um literato que, apesar de voltado para a cultura de massa, não é exatamente um exemplo de "escripção" ou leitura fácil?

A exposição do Centre Georges Pompidou, vinte anos depois de sua morte, teve grande êxito porque revelou, para um novo público, a multiplicidade de campos explorados em sua obra: cultura de massa, teatro, cinema, fotografia, artes plásticas, música etc. Isto proporcionou, muito naturalmente, uma exposição multimídia, em que se viam os objetos estudados em Mitologias (incluindo um automóvel e vídeos de publicidade dos anos 1950), cenas das peças de Brecht e de filmes que ele comentou, quadros de grandes artistas por ele analisados e suas próprias obras plásticas, tudo isso ao som de suas músicas preferidas e de gravações de sua própria voz, que era muito bonita (ele estudou canto em sua juventude). O resultado era um espaço de sedução, a mesma sedução que ele exercia em pessoa, fazendo com que o "difícil" de seu discurso, que não era impositivo mas convidativo, provocasse um desejo de compreensão. A inexistência, nos dias atuais, de intelectuais franceses com esse vasto leque de interesses e com esse aspecto pouco acadêmico suscita, nos mais jovens, um desejo de conhecer sua obra.

Barthes não parecia acreditar na possibilidade de existência de uma crítica literária - e tampouco numa "ciência da literatura". Pelo menos é o que se conclui após a leitura de *O grão da voz*. No entanto, ele parece fundar um método crítico - ou autocrítico. Como a senhora definiria esse método, que promoveu o "novo romance" francês, entre outras correntes literárias?

Barthes acreditava, sim, na possibilidade de uma crítica literária, e ele a definiu em *Crítica e verdade* e nos *Ensaios críticos*. A crítica, dizia ele, não busca a verdade, pois as grandes obras não têm um sentido único e final. Mas ela deve ter validade, isto é, uma adequação particular ao objeto analisado, que depende da solidez da argumentação desenvolvida pelo crítico em seu próprio discurso. Tendo teorizado a "escritura", que é a escrita poética da modernidade, ele dissolveu a noção de gênero literário. Assim, em sua atividade crítica, ele praticou algo que podemos chamar de "crítica-escritura": um discurso que vale tanto pelo que diz das obras analisadas, quanto por seu modo de dizer, isto é, que tem valor autônomo como discurso literário ou poético. Quanto à "ciência da literatura", ele se deixou tentar por ela nos anos 1960, mas logo abandonou esse caminho. Nos anos 1970, ele caracterizava essa fase de sua obra como "breve delírio cientificista".

Barthes foi pioneiro ao escrever sobre moda numa época em que ela era considerada pura frivolidade. Isso lhe valeu títulos um tanto estranhos como o de "dândi epicurista", mas também discípulos como Gilles Lipovetsky, que esteve recentemente no Brasil. Qual a principal contribuição de Barthes para o debate sobre moda? *Sistema da moda* **é uma obra política ou ética?**

É verdade que ele foi pioneiro nesse campo. Infelizmente, seus textos sobre a moda não são os melhores de sua obra, porque pertencem exatamente àquela fase semiológica que ele renegou mais tarde. No último curso que deu no Collège de France, ele exprimiu o tédio que o acometia quando alguém vinha lhe falar de seus trabalhos antigos. Ele se interessou pela moda nos anos 1950, quando pretendia defender uma tese de doutorado sobre o tema, na área de sociologia. Acabou não defendendo a tese e publicou o que restou dela em *Sistema da moda*, de 1967. Pessoalmente, considero essa obra um tanto indigesta, apesar de várias considerações laterais interessantes, do ponto de vista histórico e ideológico. De qualquer maneira, ele deu ao estudo da moda um *status* universitário.

Barthes recriminava no Ocidente a atitude de fabricar e, ao mesmo tempo, recusar signos, não os reconhecendo pelo que eles são, ou seja, signos arbitrários. Como a senhora imagina que Barthes viveria, hoje, no mundo globalizado de signos autofágicos?

Não podemos saber como ele veria o mundo de hoje. Mas nos últimos anos de sua vida ele exprimiu seu desgosto pelo que já estava ocorrendo: um consumo acrítico dos signos e dos mitos, que não tinha mais a desculpa da "inocência" dos anos 1950 e que, pelo contrário, era informado mas complacente, ou mesmo cínico. Embora tenha abandonado qualquer militância política, Barthes cultivou, até o fim, a utopia marxista de uma "sociedade desalienada" (expressão frequentemente utilizada por ele). Mas já estava descrendo da realização dessa utopia. Com relação à literatura, ele adotou, nos últimos anos, uma atitude conservadora. Vendo o desaparecimento da grande literatura do passado, na prática dos escritores e no ensino, ele manifestou em várias ocasiões seu desconforto. Seus últimos cursos e textos estão impregnados dessa melancolia. No último curso, *A preparação do romance*, ele cita uma frase de Verdi: "Voltemo-nos para o passado, isso será um progresso."

A relação com a língua é sempre política, defende Barthes em *O grão da voz*, citando particularmente os países árabes, em que ela passa a ser um problema de Estado. Como Barthes via o valor ideológico da língua?

Suas considerações definitivas sobre a língua se encontram na aula inaugural do Collège de France (*Aula*). Ele diz ali que, como código, a língua é "fascista", porque nos obriga a dizer segundo formas predeterminadas e nos impede de dizer de outras formas. Essa afirmação causou grande celeuma na época. O que ele desejava dizer (e disse) é que as línguas, sendo históricas, com o passar do tempo impregnam-se de ideologia, de modo que cada falante de uma língua, ao receber suas regras, recebe também determinada visão do mundo, determinada moral. E que a melhor forma de escapar ao fascismo da língua era a forma literária, definida por ele como "revolução permanente da linguagem".

Com relação à música *pop*, Barthes lamentava que ela tivesse bandeado, já no anos 1970, para uma destruição do discurso, renunciando a qualquer esforço de teorização. De fato, desde então, essa resistência só parece ter crescido. Como a senhora imagina que Barthes teria analisado fenômenos como o *rap* e a cultura *hip hop*? Como um fragmento gasto de uma linguagem já existente ou um discurso revolucionário?

Devo dizer, novamente, que imaginar o que Barthes diria hoje seria uma imprudência e um abuso. Na verdade, Barthes nunca apreciou a música *pop*. Ele era um ouvinte constante e um praticante amador da música erudita. Schumann, Beethoven e Dvorák eram seus compositores preferidos. Reconhecia a divisão classista das sensibilidades musicais, que ele atribuía à "lamentável divisão social". Mas arrisco-me a dizer que ele se interessaria pelo *rap*, pelo aspecto verbal do mesmo.

Sade e Proust, dois polos opostos, foram os autores que Barthes leu com maior prazer, escapando totalmente da crítica ideológica dos primeiros anos. A senhora definiria essas preferências como fundadoras de uma teoria combativa do prazer não politizado, quando Barthes coloca Sade ao lado de Fourier e Loyola? Não soa estranho para um estruturalista tão organizado?

Quando ele escreveu *Sade, Fourier, Loyola*, já não era "um estruturalista tão organizado". Ele se interessou por esses três autores como "logotetas", isto é, criadores de linguagens, e não como pensadores ou teóricos. Quanto a Sade e Proust, eles não estão em polos tão opostos. Há muito de sadiano em Proust. E a leitura que Barthes fez de ambos implica tanto prazer quanto análise ideológica. Ele via Sade como um subversivo em seu tempo, e Proust como alguém que retratou a aristocracia decadente sem nenhuma complacência, nenhum idealismo. Num balanço final, feito por ele mesmo, suas leituras mais prazerosas foram as de Michelet, Proust e, surpreendentemente, as *Memórias de além-túmulo*, de Chateaubriand.

O papel de Lacan foi fundamental para a produção de *Fragmentos de um discurso amoroso*. A senhora diria que Barthes criou uma nova psicologia com as ferramentas da psicanálise lacaniana fornecidas para seu mais popular texto, lido por um público que não é certamente o público de Barthes?

Seria demasiado dizer que ele criou uma nova psicologia. Lacan foi, de fato, um apoio teórico muito importante nas últimas fases de Barthes. Mas, como no caso de outros apoios teóricos, Barthes leu Lacan à sua maneira, nem sempre fiel ao psicanalista. A psicanálise, como o marxismo, estava na base de todas as suas considerações. Entretanto, desgostava-lhe o aspecto dogmático e totalitário desses dois discursos. Nos *Fragmentos do discurso amoroso*, a psicanálise lacaniana está certamente presente, mas não mais do que outras inspirações teóricas, como o taoismo.

Barthes definia-se como um subversivo, ou, pelo menos, como um inconformista disposto a trapacear se isso fosse necessário para provocar uma mudança. Em sua opinião, ele deixa um pensamento político?

Essa questão foi tão claramente exposta por ele, em várias obras e entrevistas, que seria melhor citá-lo do que glosá-lo. De fato, ele achava que, em nossa sociedade burguesa e razoavelmente democrática, as operações subversivas eram mais eficazes do que as abertamente revolucionárias. A atividade subversiva por ele praticada era uma intervenção no campo da linguagem, reconhecida como necessária mas também como insuficiente, em termos políticos. Não se pode falar de um "pensamento" de Barthes, no que se refere à política ou a qualquer outro tema. Ele não foi um pensador, mas um escritor, um artista. A publicação do volume *Política*, na série de seus *Inéditos*, mostra muito bem seu percurso, desde uma militância trotskista na juventude, passando por um enjoo do discurso marxista estereotipado, até uma posição final na qual ele se definia como "um sujeito político ávido, sensível e silencioso". Essa transformação foi assim explicada por ele: "por causa de *ver* as formas, as linguagens e as repetições, ele se tornava insensivelmente *um mau sujeito político*" (*Roland Barthes por Roland Barthes*).

Entrevista a
André Dick*

Em todos os livros da Coleção Roland Barthes, organizada pela senhora, há uma grande atenção dada, em suas introduções, aos elementos que os formaram, inclusive nos inéditos, em que há os vários interesses do escritor: por literatura, política, teatro, música, moda. Barthes, mais do que um crítico, foi um crítico de cultura, no sentido mais amplo, uma vez que, como a senhora já disse, ele não tinha um lugar definido?

De fato, ele foi um crítico de cultura, no sentido amplo. Formado em Sociologia, Barthes estudou várias manifestações culturais da sociedade e deixou textos sobre várias delas. Mas ele era um homem da linguagem e, diferentemente dos sociólogos, o que lhe interessava não eram os fenômenos sociais por eles mesmos, mas o modo como estes eram expressos. Ele acreditava que, nas formas linguageiras, podíamos ler os sentidos e a ideologia que fundamentam a sociedade.

Na introdução de *O rumor da língua*, realiza-se uma análise sobre as fases atravessadas por Barthes. No auge do estruturalismo, Barthes parecia querer atingir uma "ciência da literatura" e, mais tarde, após Derrida, teria tomado um caminho mais flexível. Barthes foi, como Derrida, filósofo presente também em seus estudos, um dos responsáveis por "encerrar" com o estruturalismo, digamos, mais ortodoxo? Há uma espécie de volta, por exemplo, aos elementos biográficos em suas aulas inéditas reunidas em *A preparação do romance*?

Derrida criticou o estruturalismo antes que Barthes o fizesse. Desde *A escritura e a diferença* (1967), ele apontou o idealismo do signo linguístico saussuriano, no qual se inspirava o estruturalismo. Barthes se desgostou pouco a pouco da "ciência da literatura" e rompeu com esse projeto em *O prazer do texto* (1973). Não foi apenas em seus últimos cursos que ele reformulou as teses de sua fase semiológica.

Quanto à recuperação da biografia dos escritores, ele já havia proposto o estudo dos "biografemas" em *Sade, Fourier, Loyola* (1971) e

---

* Instituto Humanitas, Unisinos, agosto de 2008. Reproduzida no site do Instituto Zequinha Barreto (zequinhabarreto.org.br).

aplicado essa proposta a ele mesmo em *Roland Barthes por Roland Barthes* (1975).

Barthes não foi diretamente influenciado por Derrida, mas tinha muitas afinidades com o filósofo. Tratei das relações intelectuais e afetivas entre ambos no texto intitulado "Aquele que desprendeu a ponta da cadeia", publicado em Evando Nascimento (org.), *Jacques Derrida: pensar a desconstrução* (Estação Liberdade, 2005).

No seu livro *Aula*, Barthes dá uma espécie de resposta aos acontecimentos de Maio de 1968, haja vista que ele foi considerado um conservador pelos alunos, como a senhora lembra na introdução feita ao volume de inéditos *Política*. Quarenta anos depois, como analisa o pensamento mais voltado à política de Barthes? Ele estaria sintetizado em seus artigos e aulas, como aquelas reunidas no livro *O Neutro*?

Na introdução a que você se refere, tratei longamente das conflituosas relações de Barthes com a política. Ele não abandonou, até o fim da vida, a fundamentação marxista de suas posições. Mas, assim como se cansou do projeto totalizador da semiologia, aborreceu-se progressivamente com o dogmatismo do discurso político militante que, segundo ele, produzia uma *doxa* diversa da *doxa* social burguesa, mas igualmente autoritária. Por temperamento, Barthes não era um revolucionário, mas um anarquista.

Barthes é um autor atemporal, mas que viveu seu tempo: estão em sua obra experiências como o contato com a cultura oriental (sobretudo em *O império dos signos* e na sua admiração pelo haicai), com Nietzsche (sobretudo em sua fase derradeira, de *O prazer do texto* em diante), com o cinema francês dos anos 1960, com a negação a elementos religiosos fixos, com uma guinada antiacadêmica, com a invasão dos discursos midiáticos, com o marxismo sem radicalidade etc. Num dos seus ensaios sobre a obra de Barthes, ele teria vivido, no fim de sua vida, "a triste época da 'morte das ideologias', da desconfiança nos signos, da saturação das mensagens reduzidas ao simples estado de ruído". Sentia, como a senhora já disse, uma desconfiança em relação a discursos muito posicionados, que lhe traziam a *doxa*, a presença do poder (ou dos poderes, como ele disse em *Aula*). Na sua opinião, Barthes anteviu uma era que se aprofundou nessa perda de referências?

Eu não diria que Barthes é "um autor atemporal", porque ele era muito consciente do caráter histórico e provisório de qualquer discurso, inclusive do seu. Eu diria que ele é "um autor de longa duração", já que, quase quarenta anos depois de sua morte, a maior parte de suas propostas teóricas se mantém atual. Com a agudeza de visão que o caracterizava, ele viu os sinais da chamada "pós-modernidade" e deixou vários registros dessa intuição. Certamente não teria lhe agradado viver uma época de perda de referências, porque toda a sua obra foi pautada em determinados valores éticos e estéticos da modernidade.

A senhora foi amiga de Roland Barthes, como descobrimos em muitos livros seus. Há pontos especiais em que a senhora imagina que Barthes desenha, para utilizar um conceito presente em muitos de seus livros, o seu imaginário, conforme o conceito lacaniano, tão utilizado ao longo de suas obras, e ao qual recorre sempre?

Ele já se interessava pela psicanálise antes de ler Lacan, mas o fato de este afirmar que "o inconsciente é uma linguagem" o atraiu para sua obra. Entretanto, como fez com vários pensadores de outras áreas, Barthes usou os conceitos de Lacan de modo pessoal e pouco ortodoxo. Para o psicanalista, o "imaginário" é o campo do autoengano e da neurose. Barthes resgatou o imaginário como fonte da criação artística e reivindicou a exploração de seu próprio imaginário nos cursos que proferiu no Collège de France.

Em *Altas literaturas*, a senhora fala do escritor e crítico. Em livros como *Fragmentos de um discurso amoroso*, *Incidentes* e *Roland Barthes por Roland Barthes*, o crítico francês, que se sentia honrado quando alguém o chamava de escritor, apresenta, fascinado que era por Proust, um lado romancista, recortando fragmentos de sua história, ou ele apenas entreviu essa passagem e é difícil avaliá-lo sob tal perspectiva?

Barthes foi escritor enquanto ensaísta. Sua escrita é precisa, original e saborosa como a dos verdadeiros escritores. A partir de seu momento histórico, e depois dele, as distinções genéricas rígidas foram abandonadas na prática da literatura e, atualmente, o ensaio está plenamente integrado em muitas obras de ficção. Por isso, hoje podemos dizer tranquilamente que Barthes foi um grande escritor, afirmação que lhe parecia abusiva.

No fim de sua vida, saudoso da grande literatura do passado, concebeu o projeto de escrever um romance. Mas ele era demasiadamente crítico para poder voltar a um gênero que reconhecia como plenamente realizado no passado. Para ele, escrever um romance seria fazer uma obra como a de Proust, e esta já estava feita.

Num colóquio dedicado a Barthes em março deste ano, em Paris, foi exposta uma tese interessante: a de que *A preparação do romance* é uma obra conceitual, como aquelas produzidas nas artes plásticas. A obra (o romance) foi substituída pela descrição de seu projeto e de sua fatura, descrição que se torna ela mesma obra de arte.

Embora a poesia não tenha sido objeto de estudo como o romance por parte de Barthes, temos em suas aulas, reunidas, observações preciosas sobre o poeta Mallarmé. Em *Aula*, Barthes falou em Mallarmé como síntese da modernidade. E, num de seus ensaios, a senhora afirma que Barthes, em "seus melhores textos, [...] foi exato, preciso, elegante; e inútil ou inutilizável, isto é, poético". Há uma escrita barthesiana hoje, ao mesmo tempo justa (como vimos em *Crítica e verdade*) e poética?

Barthes se dedicou muito mais ao estudo da prosa de ficção do que à poesia. Em *O grau zero da escrita*, ele manifestava certo desconforto com a poesia moderna, que lhe parecia inóspita. Mas ele reconheceu a importância de Mallarmé na história da literatura e, desde a *Aula*, referiu-se a ele com frequência. A poesia também está muito presente em *A preparação do romance*, sob a forma do haicai japonês, estudado por ele com extraordinária sensibilidade.

Como aparece num dos textos de *A aventura semiológica*, Barthes era contrário à visão aristotélica de mímesis. Alunos dele, como Antoine Compagon, em *O demônio da teoria*, contestam muitos de seus argumentos, voltando a Aristóteles como uma espécie de guia ainda definitivo da literatura. Era objetivo de Barthes desconstruir o discurso clássico? Mais: o discurso de Barthes se tornou "clássico" como o de Aristóteles, mesmo com menos distância para avaliarmos isso, ou essa aproximação é indevida?

A importância de Aristóteles, não só para o estruturalismo, mas para toda a moderna teoria literária, é grande demais para ser tratada numa resposta de entrevista. Barthes não contestou Aristóteles, contestou apenas a concepção da mímesis como reflexo do real. Na verdade, sua concepção do realismo como "efeito de real" já está presente na *Poética* de Aristóteles. Quanto a Compagnon, ele é um excelente teórico e o melhor discípulo de Barthes, mas a meu ver mais conservador do que o mestre (veja-se *Os antimodernos*).

A coleção estará relançando dois livros: *Sistema da moda* e *Sobre Racine*. O primeiro é voltado a uma análise semiótica do mundo do vestuário, e *Sobre Racine* despertou a conhecida polêmica de Barthes com o crítico francês Raymond Picard, a qual a senhora analisa em seu livro sobre Barthes. O que torna esses livros ainda tão contemporâneos e atraentes para o leitor atual?

Sistema da moda, publicado no auge da semiologia, pertence àquela fase que Barthes renegou posteriormente. Apesar disso, o livro foi pioneiro ao tomar o discurso sobre a moda como tema, e continua indispensável para os estudiosos do assunto.

O alvoroço provocado por *Sobre Racine*, na época de sua publicação, e sua rejeição pelos professores da Sorbonne eram mais do que justificados. O tempo deu a vitória à "nova crítica", inspirada nas ciências humanas. *Sobre Racine*, cuja revisão fiz há alguns dias, é um livro deslumbrante, um dos melhores escritos por Barthes como crítico. É um livro de grande inteligência e honestidade, pois questiona os fundamentos ideológicos da crítica literária. É pena que os leitores brasileiros atuais talvez não conheçam suficientemente a obra de Racine e sua fortuna crítica para avaliar as inovações trazidas por Barthes à leitura do autor clássico. De qualquer modo, o capítulo teórico final, intitulado "História ou literatura?", permanece espantosamente vivo. Todos os críticos literários e professores de literatura deveriam ler com atenção esse capítulo.

Há uma observação contundente sua num dos ensaios de *Inútil poesia*: "No palco de espelhos da pós-modernidade, ele (Barthes) se sentiu tão desnorteado que se deixou atropelar e morrer." Como pensa que Barthes veria esse mundo da literatura, a qual dizia amar de um "modo dilacerante", dominado muitas vezes pelos estudos multiculturais que parecem antes estudar qualquer elemento extraliterário, menos os livros e obras, e que a senhora contesta especialmente em *Altas literaturas* e *Vira e mexe, nacionalismo*?

O amor de Barthes pela literatura era "dilacerante" porque ele pressentia, no fim de sua vida, a banalização da prática literária e o desprestígio que atingiria os estudos dessa área. Por ter-se apoiado na sociologia e na psicanálise, e por ter sido um desmistificador das ideologias, Barthes abriu caminho aos "estudos culturais". Mas se tivesse visto a literatura tratada como mero documento, e utilizada para fins militantes, como ocorre nos "estudos culturais", certamente os teria rejeitado.

IMPRESSÃO E ACABAMENTO
YANGRAF
GRÁFICA E EDITORA LTDA.
WWW.YANGRAF.COM.BR
(11) 2095-7722